BAOYUYUAN GONGZUO DE 99 GE WENDA

保育员工作的99个问答

黄　姝　主编

语文出版社
·北京·

图书在版编目（CIP）数据

保育员工作的99个问答 / 黄姝主编. — 北京 : 语文出版社, 2017.12 (2023.4重印)
ISBN 978-7-5187-0327-2

Ⅰ. ①保… Ⅱ. ①黄… Ⅲ. ①幼教人员－教育工作 Ⅳ. ①G615

中国版本图书馆CIP数据核字(2016)第005083号

责任编辑　李密珍
装帧设计　梁　明　徐晓森
内文插图　张洪岩　王　玥
出　　版　语文出版社
地　　址　北京市东城区朝阳门内南小街51号　100010
电子信箱　ywcbsywp@163.com
排　　版　北京杰瑞腾达科技发展有限公司
印刷装订　北京市大天乐投资管理有限公司
发　　行　语文出版社　新华书店经销
规　　格　787mm × 1092mm
开　　本　1 / 16
印　　张　19.5
字　　数　201千字
版　　次　2017年12月第1版
印　　次　2023年4月第3次印刷
印　　数　4,001－6,000
定　　价　58.00元

010-65253954(咨询)　010-65251033(购书)　010-65250075(印装质量)

序

保育员是幼儿园重要的工作人员，保育员的工作也是幼儿园工作的重要组成部分。《幼儿园教育指导纲要（试行）》指出：幼儿园必须把保护幼儿的生命和促进幼儿的健康放在工作的首位，要为幼儿提供安全的生活和活动环境，满足幼儿多方面发展的需要，使他们在快乐的童年生活中获得有益于身心发展的经验。《3~6岁儿童学习与发展指南》也指出，要促进幼儿身心全面和谐发展，尊重幼儿发展的个体差异。

因此，保育员不仅要为幼儿提供一个安全舒适、整洁有序的游戏和生活环境，还要细心地照顾好幼儿的一日生活，培养幼儿良好的生活习惯。保育员是幼儿生命健康的“守护神”，是班中教师开展保教工作的得力助手（本书第一部分为保教合一的内容，有些工作需要保育员配合班中教师来完成，有些以班中教师为主，但保育员都应知晓，并适时协助，因此，文中凡涉及未明确“分工”的均用“老师”统括），是家长信赖的咨询对象。然而，由于保育员队伍日趋年轻化，新入职保育员的工作经验相对不足，以及日常工作比较繁重，保育员工作的规范性、科学性和重要性被极大忽视。

为了更好地贯彻《幼儿园教育指导纲要(试行)》和《3～6岁儿童学习与发展指南》精神，指导年轻保育员科学、有序地开展工作，北京市东城区东四五条幼儿园组织编写团队，针对目前保育工作中存在的诸多困惑与问题，以一个个生动的案例作为切入点，从保教合一、日常工作、家园沟通三个方面对保育员工作进行了梳理，为年轻的保育员和新入职的教师提供一些具有参考价值的理论、方法和实践经验总结。

本书采用问答的形式提出工作建议，案例中的问题均由一线保育员和教师提出，并由经验丰富的保育员和教师共同解答。同时，本书还得到了一些幼教专家的肯定，他们认为本书具有较强的科学性、实践性和操作性，值得在幼儿园中推广。

戴晓萱

2016年5月

目 录

日常工作

家园沟通

保教合一

《幼儿园教育指导纲要(试行)》中指出:教师、保育员以及其他工作人员要密切配合,将保育和教育融为一体,为幼儿的健康成长服务。保育一方面要适应人的生理和心理发展的需要,另一方面也要适应未来社会发展对个体发展的需要。由此说明:保育工作对幼儿的健康成长和日后的发展有着不可低估的影响,保教合一的教育至关重要。因此,保育员应该抓住日常生活中点点滴滴的教育契机,配合班中教师对幼儿实施适宜的教育。

01 如何引导幼儿正确进餐？

萧 瑶

案例

午饭时间到了，萧老师正在给幼儿分餐。这时，传来帅帅稚嫩的声音："萧老师，可以给我的碗里盛一点菜汤吗？""为什么呀？"萧老师问道。"饭太干了，我吃不下。"其实萧老师早就知道帅帅喜欢把菜和饭拌在一起吃，于是往帅帅碗里舀了一些菜汤，然后继续分餐，并且对幼儿说："我们要一口饭一口菜搭配着吃。"这时，其他幼儿都按萧老师的要求将饭菜搭配着吃，只有帅帅把盘子里的菜都倒进了饭碗里，然后向萧老师求助："萧老师，帮我拌一下好吗？""不是说了，吃饭时要一口饭一口菜，不能把饭菜拌在一起吃吗？"萧老师边说边走到帅帅身边，把帅帅倒在碗里的菜拨回到盘子里。"萧老师，奶奶说把菜拌到饭里一起吃，那样会更香，我在家里能吃好几碗！"帅帅边笑边说。

原因分析

1. 模仿成人的进餐习惯

很多成人觉得饭菜拌在一起吃，从口感上来说更美味，能促进食欲、增大食量。殊不知，这是一种不健康的饮食习惯。幼儿常常喜欢模仿成人的行为，因此，要想让幼儿养成健康的饮食习惯，成人必须先以身作则。

2. 家园缺乏密切配合

幼儿入园一段时间后，是可以改变一些原有的不良饮食习惯的。然而幼儿回家后，许多家长不能按照幼儿园的要求，继续培养幼儿正确的生活习惯，这是导致幼儿不能坚持正确进餐的原因之一。

方法措施

1. 唱儿歌、讲故事

保育员可以给幼儿讲故事，引导幼儿学习故事里主人公的做法，并由此知道要一口饭一口菜搭配着吃，懂得养成良好进餐习惯的重要性。

保育员还可教幼儿唱儿歌，歌词要朗朗上口、易于理解，用儿歌潜移默化地引导幼儿熟记正确进餐的注意事项，帮助幼儿正确进餐。

2. 语言提示

保育员运用儿童化、富有感染力的语言，如“我们来让米饭和青菜做朋友”“一口饭，一口菜，放在嘴里一起嚼，它们的味道会更好”等，指导和鼓励幼儿科学进餐。

3. 合理安排就餐座位

不能为了便于管理，就安排偏食及吃得特别慢的幼儿集中坐在一起；恰恰相反，应该安排他们和吃饭习惯好的幼儿坐在一起。这样的安排，便于偏食及吃饭特别慢的幼儿受到周围幼儿的感染和鼓舞，有利于他们逐渐学会正确的进餐方法。

4. 采用循序渐进的方法

有些幼儿从小养成了把饭菜拌在一起吃的习惯，要让他们迅速纠正这一习惯是有一定难度的。对于这样的幼儿，保育员可以采用“逐渐减量”的方法。例如，开始时可以把一半的菜拌进饭里，另一半的菜则和饭分开放，并鼓励他们一口饭一口菜搭配着吃；之后逐渐减少拌在饭里的菜量，让他们慢慢适应，逐渐改正不良的进餐习惯。

5. 家园配合

在培养幼儿健康饮食习惯的问题上，保育员要与家长达成共识，要让家长充分意识到健康饮食的重要性，并以身作则，为孩子做榜样。

02 如何帮助幼儿学习使用勺子?

高小东

案例

午饭时间到了，幼儿都在安静地进餐。张老师在幼儿中穿梭，仔细观察每个幼儿使用勺子的情况。一圈儿转下来，张老师发现班中有部分幼儿不会使用勺子，把饭菜弄得到处都是，因为饭菜迟迟送不到嘴里，不少幼儿焦急地用手抓着吃。

幼儿不会用勺，会造成食物浪费；“大把抓”的方法既不卫生，也不美观，还会影响幼儿良好进餐习惯的养成。

原因分析

1. 精细动作有待发展

3~4 岁的幼儿正处于小肌肉发展的初期阶段，对于拿勺、捏泥、撕小纸片等精细动作，还不能熟练掌握，因此，他们需要通过老师指导来加强练习，锻炼小肌肉的灵活性，促使他们的精细动作得到进一步发展。

2. 从众心强，喜欢模仿

喜欢模仿、从众心强是小班幼儿最显著的特点。班中有个别幼儿“大把抓”、不拿勺子吃饭时，一些幼儿会认为这样做很好玩、很有趣，有意去模仿，从而形成不正确使用勺子的习惯。

3. 家长忽视幼儿错误拿勺的问题

很多家长对于幼儿不正确拿勺的做法不以为然，认为幼儿还小，这样做没有什么关系，忽略了这一做法给幼儿带来的不良影响。

4. 家长剥夺幼儿独立进餐的机会

现在独生子女的家庭很普遍。面对家中唯一的小宝贝，家长们通常都是呵护备至，尤其是老人，对幼儿的照顾更是细致入微，这就导致很多幼儿的自理能力得不到锻炼与发展。更有甚者，很多幼儿在家中都是由家长喂饭，没有机会学习如何正确使用勺子。

方法措施

1. 自己进餐，加强练习

老师可以提醒家长在家中鼓励幼儿自己进餐。在幼儿独立进餐的过程中，注意引导他们学习正确的握勺方法。

2. 老师引导，正确示范

在幼儿园，老师可以为幼儿提供多种方式的引导，并给幼儿做正确的示范。例如，可以通过唱儿歌、讲故事、做游戏等方式，帮助幼儿加深正确使用勺子的印象，记住正确使用勺子的方法。

3. 投放材料，增强兴趣

老师可以在各个区域游戏中投放勺子，充分调动幼儿的积极性，激发幼儿学习、练习的兴趣，促使幼儿更好、更快地掌握正确使用勺子的方法和技巧。此外，可在桌子上粘贴正确握勺的示范图片；在游戏中设计、安排幼儿正确拿勺喂娃娃吃饭的环节；设计、安排幼儿给小动物喂食的活动……帮助幼儿学习、练习正确的拿勺方法。

4. 及时鼓励，树立信心

幼儿非常希望得到家长、老师与同伴的认可，尤其是小班的幼儿，家长、老师的鼓励和表扬能激发他们的学习欲望。在幼儿学习使用勺子的过程中，成人要耐心地鼓励；在幼儿掌握正确的拿勺方法后，老师要及时表扬，以增强幼儿的自信心。

03 如何面对不喜欢吃青菜的幼儿？

于婷

案例

每个班或多或少都会有挑食的幼儿。王老师的班上就有个漂亮的小姑娘名字叫依依，她那双大大的眼睛忽闪忽闪的，十分招人喜爱。依依的家长对她疼爱有加，她想要什么就给什么，想干什么就干什么，从来没人对她说过“不”字。依依上幼儿园后，老师很快发现了她吃饭方面的一个习惯：中午进餐时，依依看到青菜就会皱起眉头，甚至还会趁老师不注意，悄悄地把它们倒掉。如果老师喂她吃，她就会抵触性地闭上嘴，或者说“我不爱吃”，然后低头一直吃自己碗里的米饭，直到吃完为止。对于依依不喜欢吃青菜的问题，老师和家长都很着急。

原因分析

1. 老师的教育方法单一

案例中的依依是个聪明的小姑娘，她能从老师的语气和表情中觉察到老师是爱她的，是不愿意批评她的。如果老师说话的语气稍重一些，她有可能会使出撒手锏——眼泪瞬间夺眶而出。这样，老师就对她没有办法了。面对这样的幼儿，老师简单地说教往往是起不到效果的。

2. 家长长期溺爱

有些幼儿从小就不吃青菜，家长虽然知道这种情况，但因为过于溺爱，对幼儿的挑食问题没有适时干预，任其发展，结果就养成了幼儿不爱吃青菜的习惯。

3. 青菜的口感欠佳

对于幼儿来说，青菜没有蛋类或者肉类等其他食物的口感好，而且咀嚼后不太好吞咽。因此，很多幼儿不常吃青菜，从而养成了不吃青菜的习惯。

方法措施

1. 采用寓教于乐的方法鼓励

幼儿进餐时，对不爱吃的东西，往往会反感、厌恶。如果还被老师批评，他们就更无法愉快地进餐了。每个幼儿都有自尊心，都希望得到老师的鼓励与肯定。如果保育员采用鼓励、有趣的方法，效果也许就会好很多。例如，面对较小的幼儿，保育员可以把他们的嘴比作“搅拌机”，让幼儿比一比，看谁的“搅拌机”“搅”的食物品种多，搭配得营养丰富。这样幼儿会觉得很有趣，就会主动、积极地按老师说的去做了。

2. 同伴影响，相互学习

幼儿都喜欢模仿同伴的行为。保育员发现幼儿挑食时，可以把班级中不挑食的幼儿换到他们身边，同时引导不挑食的幼儿鼓励挑食的幼儿，帮助他们改正不良习惯。

3. 营造轻松愉快的进餐环境

幼儿进餐时，保育员可以播放一些轻松、舒缓的音乐，或是用活泼可爱的语气，讲一些关于饭菜的有趣故事。当饭菜被赋予有趣的故事情节后，幼儿就有可能对那些自己原本不喜欢的食物产生兴趣，继而开心地吃起来。

4. 创设具有童趣的主题环境

保育员要了解班级中绝大多数幼儿爱吃什么、不爱吃什么。如果了解到一些青菜不被幼儿喜欢，保育员可以创设一些主题情境引导幼儿，帮助他们了解青菜对身体的益处；还可以创设一个互动墙，如果幼儿吃了青菜，就可以自己在上面贴一颗小星星，久而久之，就能帮助幼儿改掉不爱吃青菜的毛病。

5. 参与劳动，加深对蔬菜的了解

保育员可以协助班中教师策划一些幼儿可以参与的烹饪活动。这样的活动能激发幼儿对蔬菜的兴趣，进而使他们喜欢上蔬菜。保育员还可以与家长沟通，建议家长让幼儿参与购买、择洗蔬菜的家务活动，引导他们了解蔬菜、爱上蔬菜。

6. 循序渐进，耐心培养

幼儿爱吃蔬菜的习惯不是一两天就能够养成的，对此，成人要有足够的信心和耐心。保育员和家长应遵照循序渐进的原则，鼓励和引导幼儿逐渐养成健康的饮食习惯。

04 如何引导肥胖儿进餐?

许一君

案例

牛牛是个有点胖的小男孩。长得肉乎乎的，很可爱，大家都亲切地叫他“肉肉”。

进餐的时间到了，食堂大师傅准备了油菜蘑菇、糖醋排骨、南瓜米饭。肉肉最爱吃排骨了，看见自己爱吃的饭菜，加快了洗手的速度，洗完手直奔餐桌。老师给他端过来一碗汤，示意让他先喝汤。肉肉很快就把汤喝完了，之后马上开始享受美味的糖醋排骨。没一会儿，盘子里的排骨就被他一扫而光。肉肉见盘子里只剩下蘑菇与油菜，他进餐的速度就慢了下来。其他幼儿把饭菜都吃完了，肉肉还没有吃完蘑菇和油菜，只是一个劲儿地举手示意，要添排骨。老师走过去，让肉肉先吃完盘子里的菜，再吃排骨。肉肉不情愿地挑了几片菜叶，放在嘴里嚼了好长时间，都没有咽下去。最后，肉肉盘子里还剩下好多蘑菇和油菜。

原因分析

1. 成人的错误认知

人们通常认为幼儿胖一点儿没有关系，肉乎乎的很可爱。因此，他们对幼儿偏食、挑食等不健康的饮食习惯不够重视，认为营养过剩导致的肥胖问题会随着年龄的增长自然消失，也就对幼儿的过量饮食不加控制。

2. 严重挑食，进食神速

肥胖儿大多挑食，有的爱吃肉，有的爱吃主食。如果幼儿偏爱某种食物，加之进食的速度过快，容易导致摄取的营养不均衡，营养总量远远超过同龄人。

3. 隔辈溺爱

祖辈对幼儿过于溺爱，不重视幼儿饮食的营养搭配，不控制幼儿的食量，幼儿爱吃什么就做什么，想吃什么就买什么，结果导致幼儿偏食的情况越来越严重。

方法措施

1. 高度重视

幼儿超重不仅影响身体发育，还会增加发生各种疾病的概率。保育员必须高度重视幼儿超重的情况，这也是保育员工作中的一项重要任务。此外，保育员要加强对幼儿的指导和教育，让幼儿知道肥胖对身体的害处，增强其合理控制饮食与体重的意识。

2. 培养良好的饮食习惯

保育员应清楚地掌握每位幼儿的身体状况，制订针对肥胖儿的个性化饮食方案。幼儿进餐时，要调整肥胖儿的进餐顺序，引导他们饭前先喝汤，再吃蔬菜，最后吃肉。进餐过程中，注意提醒幼儿要一口饭一口菜搭配着吃，做到营养搭配、不挑食，避免喜欢吃肉的幼儿只吃肉，不吃菜；督促幼儿养成良好的进餐习惯。

3. 请家长配合

保育员应结合幼儿园的饮食规范和肥胖儿护理方法，有针对性地与家长沟通，引导家长科学育儿，避免溺爱和过分顺从孩子，建议家长注意幼儿食物的摄入量，让幼儿平时少吃零食、不偏食，均衡膳食。

4. 表扬鼓励

适当的鼓励和表扬能够促使肥胖儿养成良好的进餐习惯。一旦发现幼儿在形成合理饮食习惯的过程中取得进步，保育员应及时提出表扬，增强他们的自信心。

05 如何在分发餐具时进行数学教育？

王艳超

案例

午餐时间到了，保育员张老师正准备给幼儿分餐。这时，张老师旁边的妞妞说：“老师，我没有勺子！”接着，同组的强强说：“老师，我没有盘子！”张老师马上放下手里的活，帮他们去取勺子和盘子。张老师取来勺子和盘子，看到负责分发餐具的壮壮手里也拿着一个盘子、一把勺子，正不慌不忙地朝这边走来。张老师连忙说：“壮壮，送回去吧，小朋友们不缺餐具了。”壮壮先是愣了一下，然后自言自语地说：“我是发现妞妞没有勺子、强强少个盘子才去拿的。”壮壮把手里的东西放了回去，闷闷不乐地回到了自己的位子上。

原因分析

1. 老师忽略了生活中的数学教育

幼儿园老师的职业特点之一就是每天要面对大量的琐碎事情，这也练就了他们“眼疾手快”的本领。上述案例中，张老师处理问题时明显存在不当。壮壮发完餐具后，发现餐具不够并去取，张老师却抢在他前面把事情做完了。这样，张老师不但失去了一次很好的数学教育的机会，同时也让壮壮不知所措，甚至怀疑自己对数量的判断力。

2. 老师忽视了对幼儿的责任教育

案例中，张老师不但错失了一次借用生活事例对幼儿进行数学教育的机会，也忽视了壮壮的心理反应，忽视了对幼儿进行责任教育。案例中张老师的处理方式或许会使壮壮产生疑问：在做错事情的时候，需不需要改正？需不需要承担责任？

方法措施

1. 认真观察，解决问题

老师教幼儿学习数学的目的是什么？其实，不仅是要让幼儿感知数学，更是要让幼儿通过学习数学来尝试解决生活中简单的数学问题。生活中出现的每个问题，都是非常好的教育机会。老师要善于利用幼儿已有的生活经验，引导幼儿把所学的数学知识应用到现实生活中。老师不要怕麻烦，要帮助幼儿重新思考，并和幼儿一起观察、点数、调整。如案例中，张老师就可以引导壮壮发现规律：一位小朋友一套餐具，并且一套餐具包括一个盘子、一把勺子，两样东西缺一不可，然后让壮壮按照这个规律给幼儿分发餐具。

2. 大胆放手，不要代替

幼儿的能力需要通过反复操作来提升。当幼儿具备了相应的能力时，老师就可以只负责创设幼儿熟悉的生活情景，引导幼儿从实际生活中感知、体验数学的乐趣。大胆放手，多为幼儿提供锻炼机会，不但可以满足幼儿动手操作的欲望，还有助于增强幼儿对数学的理解和应用数学的信心。

3. 学会等待，相信幼儿

幼儿的成长是需要时间的，不是简简单单的几句话就能提高他们的数学能力。作为老师，一定要考虑幼儿的学习特点和认知规律，多留给他们一些尝试和体验的时间。当幼儿遇到问题时，老师应先在心里默数 10 个数，看看幼儿的反应。这样的等待，不仅能给老师自己留下思考的时间，也体现出老师是尊重幼儿、相信幼儿、等待幼儿成长的有心人。

06 幼儿浪费食物怎么办?

尹 溪

案例

早餐时，东东慢慢吞吞地嚼着花卷，一边吃一边左顾右盼。不一会儿，其他幼儿陆陆续续都吃完了，一个个地走进区域参与游戏了。东东看到已经有4个人进入自己喜欢的建筑区而只剩下一个名额时，迅速地把碗里的汤都喝了。随后，他一只手拿着吃剩的半个花卷，另一只手端着盘子、碗迅速来到收餐具的地方，将餐具放下，并随手把半个花卷扔到了垃圾桶里，然后向建筑区奔去。老师发现了这一情况，马上拦住他问:“东东，你为什么把花卷扔了？”东东不在意地说:“我吃不了了。”

原因分析

1. 进餐专注度不够，易受外界环境影响

从东东的表现可以看出，东东的进餐习惯不好，他喜欢东张西望，不能专注进餐。这个习惯直接影响了他的进餐速度，而边吃边玩儿也不利于幼儿的消化和吸收。当发现其他小朋友开始区域游戏后，他加快了进餐速度，并将吃不完的花卷扔进垃圾桶中。这些现象，一方面说明幼儿不良的进餐习惯影响了进餐速度和专注度，另一方面也反映出幼儿在进餐时易受到外界影响。

2. 家长过于溺爱，助长浪费现象

家长很少刻意限制孩子的饮食量，孩子不喜欢吃就不吃，喜欢吃就多吃，孩子吃剩的家长会帮忙解决。长此以往，幼儿便养成不想吃就不吃的习惯，甚至会随意浪费粮食。其实，浪费食物的现象主要发生在不爱吃饭、挑食的幼儿身上。因为幼儿缺乏珍惜粮食的意识，所以他们在不爱吃或者吃不下时就会“理所应当”地剩下食物。

方法措施

1. 观察分析

保育员可以通过各种途径（如与家长沟通、观察幼儿进食、询问幼儿等）观察、了解和分析幼儿不爱吃或吃不下饭的原因，有针对性地去引导幼儿。

2. 少盛多添

保育员在盛饭时要遵循少盛多添的原则，应考虑每个幼儿的饭量，掌握好饭菜的量，注意一次不要盛太多，防止给幼儿造成心理压力。

3. 活动倡导

保育员针对浪费食物的行为组织全班开展讨论，与幼儿一起拟定文明公约，共同监督，不浪费粮食。老师可以在班级中开辟一个以“不浪费食物”为主题的小板块或小区域，和幼儿共同发起杜绝浪费的倡议，鼓励他们严格遵守。这样，对幼儿的约束就变得不那么生硬，幼儿爱惜食物的积极性也会提高。

4. 感受体验

保育员可以让幼儿知道食物来之不易，体验劳动的艰辛，从而使他们更加珍惜粮食。可以通过给幼儿讲解农民的种植过程和厨师做饭的过程，让幼儿了解一顿饭来到自己的餐桌上是很多人辛苦劳动的结果，还可以带领幼儿在幼儿园种植一些农作物，让幼儿体验种植的过程，理解种植的辛劳。

07 如何面对挑食的幼儿？

李　京

案例

午餐有炒柿子椒这道菜，吴老师刚把盛好的米饭和菜放到文千的碗里，文千就大叫："老师，我不吃柿子椒。"话音刚落，他就飞快地把自己碗里的柿子椒倒进了旁边一个小朋友的碗里。吴老师见此情形没说话，只是在他的碗里又盛了一点儿柿子椒，并走到他跟前一边喂他一边说："你尝尝幼儿园阿姨做的柿子椒，味道可香了。"文千想了想，张开嘴吃了一口就要往外吐，还说："柿子椒是苦的、辣的。"吴老师连忙说："别吐出来，让柿子椒在你的肚子里转一圈儿。柿子椒不苦也不辣，特别好吃，你看，其他小朋友都爱吃，有的小朋友还吃了两盘柿子椒呢！你把这一点儿柿子椒吃了就是好孩子。"文千听了吴老师的话，张大嘴巴大口地吃了起来。可是吃到一半他就怎么也吃不下了，头都快低到桌子下面去了。

原因分析

1. 家长的影响

对于现在的幼儿来说，挑食是一个很常见的现象。因为现在的生活富足了，人们可以随意选择各种食物。有些家长可能习惯购买自家常吃或家人喜欢吃的食物，很少考虑食物的营养均衡问题，幼儿便会受到家长偏食的影响。正如案例中的文千，他之所以不爱吃柿子椒，很有可能是受家庭环境的影响，也许他在家中也很少或根本不吃这道菜。

2. 不愉快的生活体验

案例中的文千说柿子椒是苦的、辣的，有可能是因为一次不太愉快的生活体验造成他不再喜欢吃柿子椒。也许文千碰巧吃到过很辣、很苦的柿子椒，就认为所有的柿子椒都是这个味道，于是自己就会在心里给柿子椒定义为“不好吃，是苦的、辣的”食物。

方法措施

1. 积极鼓励，耐心劝导

面对挑食的幼儿，保育员要有耐心，不能急躁，要采取循循善诱的方法，积极鼓励并引导幼儿。例如，可以利用常见的小动物的故事（如小白兔爱吃胡萝卜和大白菜等），来引导幼儿爱上吃蔬菜。

2. 逐渐加量，转移注意力

有的幼儿从小就不爱吃某些食物，让他们立即喜欢上这些食物也不太现实。因此，保育员应采用“逐渐加量法”，先让他们尝试着吃一点儿，再慢慢加量。此外，在喂菜的时候，保育员应一边喂一边和幼儿聊天，让他们把注意力转移到其他事情上，这样幼儿就会在不知不觉中把菜吃了。

3. 开展有关蔬菜的主题活动

班中教师可以在教学中开展有关蔬菜的主题活动，让幼儿对蔬菜有一定的认识，了解蔬菜的营养价值，让幼儿知道多吃蔬菜对身体有益，不吃蔬菜容易生病；还可以让幼儿学习择菜，帮助幼儿积累一定的生活经验，在实践操作中激发幼儿对蔬菜的喜爱之情，从而潜移默化地培养幼儿爱吃蔬菜的好习惯。

4. 家园共育

老师可以与家长开诚布公地交换意见，让家长配合幼儿园，家园教育步调一致，共同帮助幼儿养成良好的饮食习惯，促进幼儿健康成长。

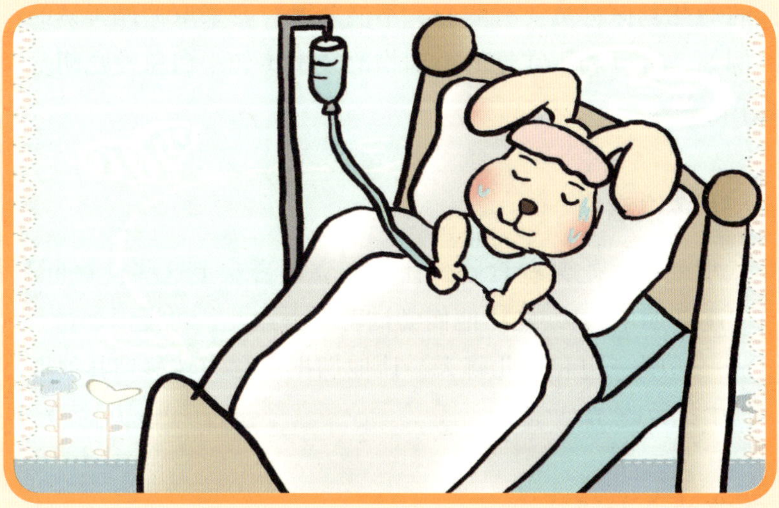

08 幼儿用餐后满地饭菜怎么办?

李 京

案例

班里新来了一个女孩子名叫依依，3岁多了。到了中午吃饭的时间，严老师给她盛好饭后，她就开始吃饭。可她一边吃一边东张西望，一直嚼着饭却始终不咽。一会儿，其他幼儿都快吃完了，她的碗里还有好多饭和菜。而且她的桌上、地上到处是饭粒。严老师走到她身边说:“依依，吃饭时左手要扶好碗，嘴巴要挨着碗吃，这样就不会掉饭粒了。你试试看。”依依看着严老师，按照严老师说的试了试，果然掉的饭粒少多了。严老师说:“你真棒，一学就会了。”依依听了美滋滋的。又过了一会儿，严老师要打扫卫生了，走到依依的桌边一看，只见桌上、地上又有好多饭粒和菜渣，碗和盘子里还有好多没吃完的饭和菜，可她却跑开了。严老师转身一看，依依正在玩玩具呢。严老师叫她过来收拾碗和盘子，发现她的嘴里还含着饭菜。

原因分析

1. 动作发展尚不完善

在幼儿园小班和中班初期都会时常出现吃饭掉饭菜的现象，这与幼儿的动作发展水平有关。小班幼儿的小肌肉发育还不完善，而幼儿自己使用勺子吃饭是要依靠手臂、手腕与手、眼、嘴的协调才能完成，手臂的晃动、手眼的不协调都会造成掉饭、掉菜的现象。而在中班初期，虽然幼儿的手眼协调能力已经有所提高，但是他们刚刚学习使用筷子，会出现因掌握不好筷子的力度而造成掉饭、掉菜的现象。这些都说明，幼儿的动作发展不完善会导致他们用餐时掉饭、掉菜。

2. 注意力不集中

个别幼儿出现掉饭、掉菜的现象可能与注意力不集中有关。如案例中的依依，进餐时喜欢含着饭菜不咽，还经常东张西望，这些都反映出她进餐的习惯不好，不能专注地进餐。

方法措施

1. 榜样示范

保育员可以让吃饭习惯好、动手能力强的幼儿做示范，引导幼儿明白自己吃饭是一件很光荣的事，而且一点儿都不难，由此逐渐培养他们自己吃饭的习惯。

2. 故事引导

老师可以利用小班幼儿喜欢听故事的特点，给幼儿讲一些关于吃饭不能掉饭菜的故事（如《漏嘴巴的大公鸡》）。通过故事，帮助幼儿理解要爱惜粮食、吃饭不掉饭菜的道理。

3. 座位调整

保育员可以让吃饭慢、爱掉饭菜的幼儿挨着吃饭快、不掉饭菜的幼儿，引导他们向吃饭习惯好的幼儿学习，并及时给予鼓励和肯定，帮他们慢慢养成良好的进餐习惯。

4. 盛饭要适量

幼儿的饭量不同，保育员在给幼儿盛饭时要适量，不能给所有幼儿都盛一样多，要保证每个幼儿都能吃好。可以给胃口小的幼儿盛得少一些，不要一次盛得过多，让他们有压力，产生畏惧心理。主食更要盛得少一些，让他们有一个适应的过程。当幼儿自己吃完饭菜时，保育员要及时鼓励，让幼儿体会到取得进步的喜悦，从而爱上吃饭。

5. 观察与奖励

保育员要细心观察，当看到幼儿能自己把饭吃完，并吃得干干净净的时候，要及时鼓励，也可以奖励他们一些小贴画等物品，激励他们以后都要这样吃饭，帮他们逐渐养成良好的进餐习惯。

09 新入园幼儿剩饭怎么办?

黄 姝

案例

天天入园已经一个月了，基本适应了幼儿园的生活，每天和老师、小朋友一起快乐地生活、游戏，只是在用餐环节上还存在剩饭的问题。这不，其他幼儿都陆陆续续吃完饭和老师一起出去散步了，只有他还愁眉不展地对着碗里的饭菜。保育员李老师边清理桌面，边对天天说:“天天，快点儿吃，吃完和老师一起去散步。”但天天却无动于衷。最后还是李老师“妥协”了，把天天剩下的饭菜倒掉了。

原因分析

1. 保育员盛饭过多

老师对新入园的幼儿缺乏了解，并不能完全掌握幼儿的饭量，因此，往往会出现分餐时给幼儿盛得过多的情况，从而导致幼儿剩饭。

2. 幼儿新入园尚不适应

小班幼儿刚刚离开家来到幼儿园，可能还不适应幼儿园的饭菜口味。此外，由于他们年龄尚小，还没有养成自己独立进餐的习惯，需要成人的帮助与指导。同时，幼儿园一些有趣的游戏活动深深吸引着幼儿，幼儿往往想尽快参加活动，可是自己吃饭慢，因此就干脆剩下。当然，在家中养成的偏食习惯也可能是一些幼儿剩饭的原因之一。

方法措施

1. 提前了解幼儿的饮食情况

保育员要及时了解新入园幼儿在家的饮食情况，如饭量的多少、进餐的速度、饮食的偏好等，以便在幼儿入园初期，能够采取适宜的方式帮助幼儿平稳度过适应期。

2. 及时调整幼儿饭菜的口味

保育员可以先品尝幼儿的饭菜，结合幼儿的饮食口味、习惯，有针对性地给厨房师傅提合理性建议。例如，幼儿刚上小班时，建议师傅把菜切得块儿小一些，把菜炒得软一些、口味淡一些等。

3. 适当帮助幼儿进餐

保育员应多关注新入园幼儿的进餐情况，及时为幼儿提供适当的帮助，如用亲切、夸张的口吻调动幼儿进餐的兴趣，喂一喂幼儿，鼓励幼儿自己动手吃饭等。

4. 合理调整分餐顺序

保育员可以根据幼儿的进餐速度调整分餐的顺序，比如可以为吃饭慢的幼儿先盛，并且和其他老师沟通，要保证每位幼儿在进餐后都有散步或参与其他活动的机会。

10 幼儿饭后不漱口怎么办?

杨凯茜

案例

有一次，吃完饭后，妮妮用水杯接了半杯水，站在水池边十分认真地漱口，直到把嘴里的残渣全部冲掉。而妮妮的好朋友果果就不一样了，她不爱漱口。妮妮叫她一起漱口，可她却摇摇头说:“不漱，不漱，烦死了！”说着一溜烟儿跑去玩了。

一天，果果没有来园，老师打电话向果果妈妈询问情况。果果妈妈说:“正带果果在医院看牙，医生说因为牙齿清洁不够彻底，导致食物残留在牙齿缝隙中，让细菌钻了空子。”听完果果妈妈的话后，老师想起了那天在水池旁妮妮和果果的对话。

原因分析

1. 幼儿手部发育尚不健全

小班初期，由于幼儿手劲小，他们使用牙刷还有一定的困难，自己刷牙比较吃力，因此，个别幼儿会出现不愿意漱口或刷牙的情况。

2. 老师引导不够全面

案例中果果出现的问题，也与保育员在平时教育引导得不够全面有关。由于保育员没有将饭后漱口的常识清晰、明了、生动地告诉幼儿，导致幼儿对这一行为理解得不够深刻，对漱口不感兴趣，也没有养成饭后漱口的好习惯。

方法措施

1. 激发幼儿饭后漱口的兴趣

兴趣是幼儿学习的动力，故事学习有助于激发幼儿的兴趣，从而达到教育的目的。老师可以通过讲故事或展示牙齿模型、图片等直观的方式，让幼儿知道牙齿的作用及不认真漱口的危害，并让他们懂得要通过刷牙、漱口的方法保护自己的牙齿。

2. 营造良好的教育环境

要培养幼儿漱口的习惯，为幼儿营造教育的氛围很重要。比如，在洗手间的墙上张贴正确及错误的刷牙与漱口方法的对比图片，提示幼儿如何正确地刷牙、漱口；每天中

午吃过饭后，故意当着幼儿的面说：“我刚吃过饭，得去漱漱口啦。”看到保育员都在认真漱口，幼儿自然也会很认真地去做。

3. 及时表扬和提醒

对幼儿的正确行为要及时给予强化，保育员应随时提醒不按要求做的幼儿，促使他们养成正确刷牙、漱口的习惯，确保幼儿的口腔卫生。

11 幼儿不喜欢喝白开水怎么办?

阎 琦

案例

萱萱是个乖巧伶俐的小女孩，年龄虽小，可做起事情来一点儿都不比其他幼儿慢，而且不管做什么都像模像样的，像个小大人。可有个问题她却一直解决不了，那就是每次喝水时她都特别费劲，一杯水磨磨蹭蹭能喝上10多分钟。而且，她还会“不小心”地洒水，有时候洒在桌子上，有时候洒在地上，有时候趁老师不注意偷偷地把水倒进水池里。老师发现问题后，特别关注她的喝水情况。经过仔细询问，得知她喝水慢是因为不喜欢喝白开水。因为在家里她喝的都是奶奶煮的苹果水、梨水、蔬菜水或是饮料，根本就不喝白开水。老师问她为什么不喜欢喝白开水，她说因为白开水没有味道。

原因分析

1. 家长错误的认识

许多人片面地认为白开水没有“营养”，因此，只给孩子煮蔬菜水、水果水喝，或是购买各种口味的果汁饮料等。

2. 早期的习惯影响

只喝有味道的水、不喝白开水的习惯，萱萱在入园前就已经养成，可在入园后，幼儿园每天只提供白开水，萱萱却不爱喝，因此，很不适应。

3. 白开水无味

白开水的确没有味道，成人可以为了健康理智地选择它，而对于年龄尚小的幼儿来说，他们在选择饮品时则只看重口感，关心味蕾能否得到满足。

方法措施

1. 比赛激励法

当幼儿接水喝时，保育员也可以接一杯水，与幼儿比赛，看谁喝得快，以此来激发幼儿喝白开水的兴趣。不过，在和幼儿比赛时，要注意控制速度，让幼儿先喝完赢得比赛，这样才能使他们对喝白开水的比赛更感兴趣。此外，也可以在幼儿之间开展喝水比赛，从而激励不爱喝白开水的幼儿多喝白开水。

2. 开设健康课

班中教师可以给幼儿上健康课，让所有幼儿参与，并请他们说出喝白开水的好处，使不爱喝白开水的幼儿更加全面地认识到喝白开水的益处。

3. 比拟假设法

当幼儿接白开水时，保育员可以启发幼儿大胆想象：“我接了一杯‘苹果水’喝，你呢？”这时，有的幼儿就会说“我接的是‘橙汁’”“我接的是‘玉米汁’”等。幼儿都接好水后，保育员再与幼儿一起干杯，把白开水一饮而尽。

4. 逐渐淡化法

入园前，幼儿已经养成了不喝白开水的习惯，入园后很难马上改变，这需要保育员耐心引导、帮助幼儿。例如，可以先给幼儿一点甜水，然后慢慢地将甜水调淡，直到变成白开水。让幼儿慢慢地适应，并逐渐接受白开水的味道。

5. 家园配合法

在家养成的不良习惯，若是只在幼儿园进行矫正，其成功率是微乎其微的。如果保育员想彻底改善幼儿这个习惯，就需要请家长配合。一方面，要和家长沟通，介绍幼儿喝白开水的好处与喝饮料、甜水的危害。另一方面，要请家长与保育员配合，在家也只让幼儿喝白开水，这样才能彻底解决幼儿不喝白开水的问题。

12 幼儿不会使用杯子喝水怎么办？

孙瑞敏

案例

京京是班里出了名的爱干净的小朋友，每天来园都会穿着新换洗的衣服。衣服湿了或脏了，是她绝不能容忍的。因此，妈妈送京京上幼儿园时都会拿一个包裹给老师，里面是为她准备的换洗衣服。

另一件让京京妈妈头疼的事，就是3岁的京京还得用奶瓶喝水。看着其他幼儿都会用杯子喝水，京京妈妈很着急。虽然她也曾尝试过让京京用杯子喝水，可结果都是京京因为把水洒到身上、衣服上干不了而大哭大闹。最后，她只好“投降”。

原因分析

1. 对奶瓶的依赖

幼儿从小接触最多的进食辅助工具就是奶瓶，自然会对它产生依赖感，这是不可避免的。而且使用奶瓶相对便捷，能让原本小肌肉发育不完全的幼儿腾出一只手做其他事情，甚至有时可以干脆腾出两只手。

2. 对弄湿衣服的排斥

案例中，经验告诉京京，用水杯喝水，水会洒到衣服上，水与肌肤接触会让自己感觉不舒服。这是一件令人不愉快的事，因此她排斥使用水杯。

3. 对尝试失败的惧怕

幼儿拒绝用杯子喝水，可能是因为她不知道如何使用杯子，或者是第一次使用杯子时被水呛到留下了失败的经验，因此，她没有勇气继续尝试。加上家长没有采取合适的方法训练幼儿如何使用杯子，让幼儿很难接受挑战，学会用水杯喝水。

方法措施

1. 投放工具，逐渐过渡

保育员应该采取渐进式的方法，让幼儿从使用奶瓶过渡到使用吸管式水杯，再到使用饮水训练式的套装杯，从使用软一点儿材质的水杯过渡到硬一点儿材质的水杯，以此

减轻他们的心理负担，待时机成熟后随时可以给他们更换杯子；还可以尊重孩子的喜好，选择色彩艳丽、形象可爱的水杯来吸引幼儿，让他们看到水杯就爱不释手。

2. 保育员示范操作

在了解幼儿不愿用水杯喝水的原因后，保育员可以先给幼儿做示范，带着幼儿一同接水，让他们亲眼看到，只要加倍小心，用水杯喝水是可以不把水洒到外面、不弄湿衣服的。最后再让幼儿亲自尝试体验，迎接挑战。

13 幼儿因为贪玩忘了喝水怎么办？

李 婧

案例

在区域活动时间，幼儿会根据自己的喜好选择各自的游戏活动，但在这个时间段里，幼儿常常会因为贪玩而忘记了喝水、如厕等。

雯雯是个安静的小姑娘，话不多，却总能最先明白老师的意思。这一天雯雯选择的是美工区，她很喜欢为娃娃设计小礼服。过了一会儿，老师提醒大家去喝水。听见老师的召唤，很多小朋友都去接水喝，但是雯雯没有去，她仍然拿着彩笔在为她美丽的“作品”上色。完成“作品”后，她又找来老师一起欣赏。老师告诉她，娃娃的小礼服非常漂亮，可是现在娃娃渴了，让雯雯陪着娃娃一起去喝水。于是，雯雯很高兴地去拿小水杯。

原因分析

1. 注意力过于集中

幼儿在区域活动时，常常专注于眼前的事务或活动，特别是在从事自己喜爱的活动时，很难将更多的注意力转移到其他事情上，忽略了老师的要求或提醒。

2. 自控力较弱

幼儿的自控能力较弱，他们在玩自己喜爱的游戏时，总希望能再多玩一会，不想因为喝水或其他事情而耽误了游戏。而且幼儿会认为不口渴的时候不需要喝水。

方法措施

1. 渗透健康教育

保育员通过开展生动的集体教育活动，帮助幼儿认识到喝水对健康的重要性。例如在给小花小草浇水时，跟幼儿说:“小草要喝水才会生长，我们也要多喝水才会健康生长、不生病。”保育员还可以让幼儿进行对比试验，观察适时浇水的植物和缺少水分的植物哪种长得更绿、哪种长得更壮。

2. 老师的榜样作用

保育员要经常在幼儿面前喝水，并且在喝水的时候有意说出喝水的好处。老师不仅是传道授业解惑者，更应该是幼儿的好榜样。因为幼儿有爱模仿的天性，如果老师有良好的饮水习惯，就会潜移默化地影响幼儿。这样的方法对于爱模仿的低龄幼儿会有更好的效果。

3. 用游戏的方式提醒

案例中，在发现雯雯没有去喝水后，保育员走过去先欣赏了她的作品，随后告诉她娃娃穿上这样的礼服一定很高兴，可是娃娃口渴了，让她陪着娃娃去喝水。雯雯听后开心地带着娃娃一同去喝水。如果保育员突然打断雯雯的游戏，要求她去喝水，她很可能因为贪玩而拒绝，或者只是为了完成任务应付了事。而保育员结合游戏的情境邀请雯雯去喝水，她便欣然接受。

4. 对个别幼儿的提醒

在统一提出让幼儿喝水的要求后，保育员要注意观察哪些幼儿已经喝过水，哪些幼儿还沉浸在游戏中，没有去喝水。保育员可以走到那些没有喝水的幼儿身边，并提醒他们，同时关注幼儿的饮水量，避免幼儿因为着急回去玩游戏而没有喝水。

14 刚入园的幼儿不愿午睡怎么办？

闫 艳

案例

新学期开始了，许多幼儿来到小二班，林霖也是其中一个。因为上过亲子班，林霖很快适应了幼儿园的学习和生活，可就是不愿意午睡。每天中午，老师一拉窗帘或者一搬床他就开始哭个不停。等到其他幼儿都上床了，老师好不容易才把他哄到小床边，可他抱着自己的小被子，说什么也不躺下，眼泪在眼圈里打转，还隐隐地抽泣着。林霖妈妈对老师说，林霖以前上亲子班的时候也是这样，一到午睡时间就跑出去。因为奶奶不放心林霖，常常在幼儿园门口徘徊，每次见到林霖跑出来，就特别心疼，索性把他接回家。只有奶奶带他回家，才能哄着林霖午睡一会儿。

原因分析

1. 环境陌生

幼儿从自己熟悉的环境来到一个陌生的地方，或多或少会缺乏安全感。因为处于紧张的状态，所以不容易入睡。

2. 午睡时间不一致

幼儿在幼儿园的午睡时间可能与在家午睡的时间不一样。一般幼儿在家的入睡时间为 13:00~14:00，但在幼儿园的入睡时间为 12:30 左右，这个时间差也会影响幼儿午睡。

3. 缺少成人陪伴

在家入睡时，幼儿一般会有成人陪伴，而在幼儿园却突然要独立入睡，这对于刚入园的幼儿来说是有一定困难的。

4. 有特殊习惯

有些幼儿睡觉时有一些特殊的习惯或嗜好，在家中养成的入睡习惯突然改变了，也会影响他们入睡。

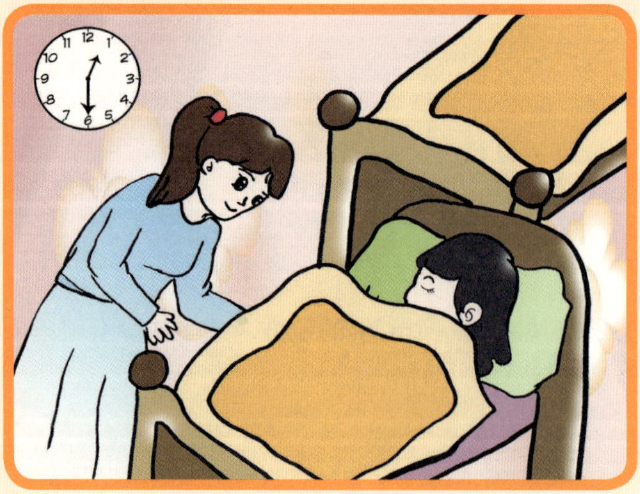

方法措施

1. 精力消耗法

幼儿的新陈代谢与成人不同，他们的精力极其旺盛。因此，老师应该充分利用上午的时间组织幼儿开展各项活动，适当增加幼儿的活动量，促进能量消耗，以便让幼儿更好、更快地入睡。

2. 环境适应法

随着对幼儿园环境的渐渐熟悉，幼儿与老师之间不再陌生，建立起初步信任感后，幼儿的安全感就会增强，他们在午睡时就会放松，入睡也会相对容易。

3. 个别引导法

一些幼儿在睡觉时有特殊的习惯，如要抱着某个东西或要摸着某个物品才能入睡。这时，保育员要及时与家长沟通，了解幼儿恋物的原因。在找到原因之后，保育员要与家长配合，争取找到最有效的干预措施，帮助幼儿解决问题。还有一些幼儿可能在某段时间不愿意睡觉。保育员不要急于求成，可以引导幼儿先安静地看书、画画等，也可以让他们帮助老师做一些简单的事情。他们做着做着，等有了睡意，便能进入睡眠状态。

4. 奖励表扬法

每个幼儿都希望获得表扬。当幼儿在午睡方面有进步时，老师或家长要及时给予鼓励和表扬，还可适当地奖励一些小礼品，以此作为幼儿再接再厉的动力。

5. 调整时间法

大多数幼儿是能够独立午睡的，只是入睡时间不同。老师要把幼儿园里的作息时间告诉家长，让家长在休息日也让幼儿早睡早起，尽量按照幼儿园里的作息时间来安排幼儿在家的生活。因为幼儿的神经系统正处于发育中，他们建立新的作息习惯并不困难。因此，若家园在入睡时间上保持一致，则可使幼儿尽快调整好生物钟，在幼儿园也能更容易入睡。

15 幼儿睡觉时使用依赖物怎么办？

戴晓萱

案例

牛牛是个聪明可爱、帅气十足的男孩，长得白白净净。特别是牛牛长着一双水汪汪的大眼睛，十分惹人怜爱。平日里他喜欢观察事物，对新鲜事物充满好奇。在老师眼里，他是个懂事听话的好孩子。但是，有一点老师总是跟他说不通。那就是每天午睡时，他都要拿着那块洗得褪了色而且边上磨得发毛的小夹被。来园一年多了，牛牛天天如此。老师使用各种方法试图说服他，都无济于事。有一天，姥姥不知是故意的，还是忘记了，早晨没有给他带夹被。牛牛一脸的不高兴，他噘着嘴、哼哼唧唧地要姥姥回家取，老师怎么劝也不行。最后，牛牛硬是哭着和姥姥一起回家取来夹被才算了事。

原因分析

1. 环境的改变

幼儿刚刚进入幼儿园，对他们来说，幼儿园里的一切都是既新鲜又陌生。因此，他们会产生畏惧心理，需要从自己熟悉的东西上找到安全感。

2. 习惯的养成

幼儿入园时带着依赖物的现象对于小班幼儿来说比较普遍。幼儿对某种物品产生了依赖，上了幼儿园仍然会延续，这说明幼儿对该物品的依赖不是在短时间内产生的，而是已经形成了一种习惯。

方法措施

1. 淡忘法

保育员可以用转移注意力的方法，在不经意间帮助幼儿淡忘依赖物。例如，幼儿往往会在午睡时寻找依赖物，这时保育员可以帮助幼儿做好午睡准备，并告诉幼儿：“我忘记把它（依赖物）放哪儿了。你再帮忙仔细想想。”这种方法要根据幼儿当时的情绪状态进行调整。如果幼儿的情绪比较稳定，可以使用；如果幼儿的情绪过于激动，保育员还是要帮助他“找到”依赖物，只是可以适当地延缓依赖物的出现时间，缩短幼儿对依赖物的依赖时间。

2. 替代法

保育员可以用新颖的玩具替代依赖物，让幼儿在其他玩具的陪伴下入睡。比如当班上更换了新玩具，如果幼儿喜欢，保育员可以将幼儿的依赖物替换为新玩具，帮助幼儿减少对依赖物的依赖。

3. 限制法

一般幼儿从家里带来的物品，都要由保育员负责收好。随着幼儿入园时间的推移，保育员可以用限定时间和地点的方法，帮助幼儿减少对依赖物的依赖。例如，规定幼儿只能在睡觉时拿着依赖物，起床后就要把依赖物交给保育员。

4. 鼓励法

保育员要善于观察幼儿生活中的各种细微变化，发现幼儿的进步要及时给予肯定与表扬，让他们感受到成人的关注和认可。特别是发现幼儿在没有依赖物的陪伴下也能顺利午睡时，保育员要及时在全班对幼儿进行表扬与鼓励，让他们获得成就感。

16 幼儿的午睡时间与幼儿园的作息时间不符怎么办？

孙瑞敏

案例

老师正在分饭，可明明已经困得坚持不住了。他的头一个劲儿地往下沉，连手里盛着饭的勺子也拿不住了。"明明，坚持，坚持！吃完饭马上去睡好不好？"老师一边轻轻摇着他一边说。可是，老师的话一点儿用处都没有，明明已经头靠在老师的肩膀上睡着了。老师只好把他抱到床上，让他睡下。

原因分析

1. 午睡时间过早

小班老师经常会遇到案例中的情况，同时也会遇到另一种情况：幼儿在一上午的活动中玩得兴高采烈，可到了中午，一看到老师开始搬床、铺被，马上变得愁容满面；有的幼儿甚至会哇哇大哭起来。这可能是因为入园前，幼儿的睡眠没有规律，来到幼儿园后，他们仍不适应按时上床午睡的作息安排。加上幼儿年龄小、口头表达能力弱，因此，只好用"哭鼻子"向老师提出"抗议"。

2. 睡觉时间过晚

这里说的“过晚”不是指园里规定午睡的时间过晚，而是幼儿在家晚上睡觉的时间相对过晚。看电视、玩游戏等，都会导致幼儿晚上睡觉过晚。得不到很好休息的幼儿，第二天来到幼儿园又要在活动中消耗很多体能，如果坚持不住了，就会出现午睡时间还没到就提前入睡的情况。

方法措施

1. 创设环境，营造氛围

创设环境：睡眠环境很重要。如果室内一片漆黑会让幼儿产生恐惧感，而百叶窗可以随时调节室内亮度。幼儿刚刚入睡时，保育员可以通过调整百叶窗改变室内亮度，等幼儿完全入睡后，便可以将它全部合上。如果幼儿园配置的是窗帘，保育员也可以先将窗帘拉上一半，这样幼儿就不会因为“黑暗”或是保育员不在身边而感到恐惧。

营造氛围：幼儿都喜欢听故事，保育员可以利用午睡前10分钟，用讲故事的方式吸引幼儿上床，让他们安静地躺好听故事。还可以通过讲故事安抚那些情绪不好的幼儿，可以跟他们说：“我们不睡觉，躺在床上听好听的故事吧。”等幼儿上床后，在安静的氛围中，加之一上午充足的活动量，多数情况下，他们会不知不觉地入睡。

2. 因人而异，区别对待

幼儿的身体条件、午睡习惯各不相同，老师不能要求所有幼儿都能同时睡着。睡得晚的，可以让他们每天迟点儿上床，帮其他幼儿整理鞋子；如果发现他们能做到躺下睡觉，第二天还让他们当老师的小助手。醒得早的，可以让他们在不吵到其他幼儿的前提下，早一点儿起床，减少在床上躺着的时间，让他们先把自己的事情做完，等其他幼儿都起床后，再帮助老师做一些力所能及的事。年龄小的幼儿困到一定程度会影响情绪，无法完成任何活动，这时，老师不如让他们先小睡一会儿，然后再参与活动。

3. 家园共育，随时沟通

接手一个新的班级，老师一定要及时与家长沟通，了解幼儿在家的情况，掌握第一手材料。同时，要及时反馈幼儿在园的情况，争取家长的配合。在了解幼儿在家睡眠情况时，老师可以利用调查问卷进行初步统计，了解幼儿的午睡习惯、睡眠时间、晚间活动和上床时间等情况。当然，在反馈幼儿在园情况时，也要将幼儿园的作息时间告知家长，以便得到家长的配合。

17 幼儿尿床了怎么办？

李 妍

案 例

小宝平时在班中是一个活泼、好动的孩子，做什么事情都喜欢争第一。每当老师提出要求后他总是能够马上完成任务。在班上，他就像一个小班长一样，不仅是幼儿的榜样，更是老师的得力助手。每次起床时，他总是第一名。可是一天午睡后，小宝却迟迟未起。其他幼儿都去穿衣服了，小宝却把被子盖得严严实实的，只露出了一个小脑袋，眼睛不停地看着周围。老师叫他："小宝，起床了，别赖床啦！"可他仍是一动不动。其他幼儿跑到他身边要去掀他的被子，小宝大喊一声："别动！"看着他紧张兮兮的样子，老师走了过去，问他："小宝，你怎么了？"他的眼睛里含着泪水，脑袋一下子扎进了被子里，任凭老师怎么叫，他都不理。看到小宝异常的表现，老师也很诧异，凭着经验，轻轻地把手伸进被子里，发现他的褥子湿湿的，原来，小宝尿床了。

原因分析

1. 生理原因

如果幼儿在5岁以后仍出现尿床的现象，且尿床频率较高，就有患上"儿童遗尿症"的可能性。遇到这种情况，老师需要对幼儿系统观察一段时间，并及时向家长反映。这时，家长就需要带领幼儿到正规的医院进行系统的检查与治疗。

2. 不敢提要求

午休时间是幼儿在园一天中最安静的时间段，很多胆小的幼儿在这种安静的环境下，不敢向老师提出去小便的要求，以至于实在忍不住而尿床。

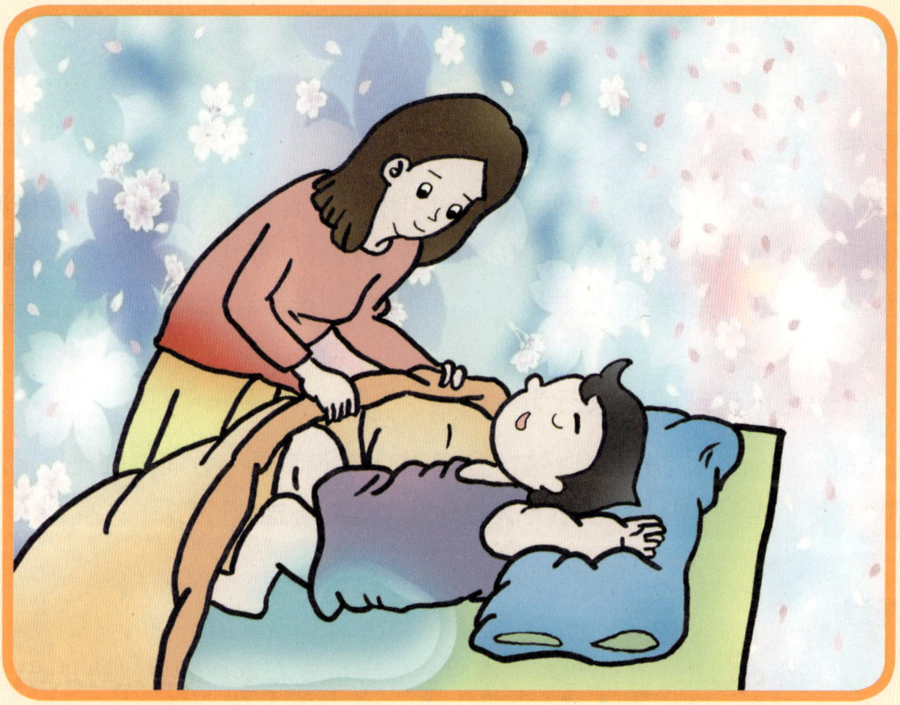

3. 睡前饮水过多

如果幼儿在睡前饮水过多，在熟睡中就容易尿床。因为尿床时，幼儿大多在梦中，并无察觉，在起床后才会发现。

方法措施

1. 淡化事件

保育员如果发现幼儿尿床了，最好能够淡化处理这件事，不让幼儿因尿床而影响情绪。如果其他幼儿并没有发现该幼儿尿床时，保育员可以等其他小朋友都离开睡眠室以后再让幼儿起床，并为他找到换洗衣服，不动声色地把被褥清洗、晾晒好。

2. 引导其他幼儿正确理解尿床行为

在起床时，如果大家都知道某一名幼儿尿床了，保育员一方面要表现得很正常、很平静，不要大惊小怪；另一方面要引导其他幼儿正确理解这种行为。

3. 日常提醒

对于容易尿床的幼儿，在幼儿吃午饭时，保育员应有意识地少让幼儿喝汤、饮水，并提醒他午睡前去小便。

4. 鼓励幼儿大胆提要求

一些胆小的幼儿可能在午睡中不敢提出小便的要求，因此，在日常生活中，保育员应多鼓励这些幼儿大胆向老师提出要求，不要害怕，如果要小便不要憋着，这样对身体不好。当幼儿有进步时还应及时表扬。

18 幼儿尿裤子或拉裤子了怎么办?

张　楠

案例

乐乐是张老师班上年龄较小的幼儿，帅气可爱，深受老师喜爱。平时他也非常喜欢和老师、其他幼儿一起学习和游戏。在大家眼里，他是个乖巧懂事的好宝宝。可他最近连续发生了几件小事，让大家感到有些困惑，那就是他总是尿裤子，甚至还会拉裤子。

有一天户外活动时，幼儿正高高兴兴地玩着“丢手绢”的游戏，乐乐高兴地蹲在地上等着小朋友把手绢丢到他的身后。玩着玩着，张老师发现乐乐蹲着的地面湿了一大片。这时其他幼儿一边笑一边大喊:“老师，乐乐尿裤子啦！”这时乐乐既紧张又害羞地盯着张老师。张老师见状立刻对其他幼儿说:“乐乐小朋友比我们的年龄小，他一定是不小心尿裤子了。我们作为哥哥姐姐不应该笑他，而应该帮助他。”张老师说完赶紧带他回班里，给他换上了干净的衣服。

原因分析

1. 对环境不适应

新入园的幼儿因为对新环境不适应、没有安全感而过分紧张，从而导致尿裤子或拉裤子的情况时有发生。

2. 过于贪玩

做游戏、玩玩具是幼儿最喜欢做的事，有些幼儿为了做自己喜欢的事，会不吃、不喝，甚至全身心地陶醉在自己的世界中。案例中的乐乐就有可能是在户外活动中和其他幼儿玩得高兴忘了去小便，从而尿了裤子。

3. 裤子拉链不好拉

现在很多家长为了追求时尚，让幼儿穿带拉链的牛仔裤，其实这种裤子会增加幼儿穿脱的难度，给幼儿如厕带来不便。

4. 不善于主动提出要求

有的幼儿性格内向、腼腆、胆小，不敢或不善于向老师提出如厕要求，导致尿裤子或拉裤子等情况的发生。

5. 生病期间药物的作用

幼儿生病期间，有些药物会对幼儿产生副作用，导致幼儿来不及如厕，尿裤子或拉裤子。

6. 没有养成提前如厕的习惯

每次活动前，老师都会安排如厕时间，可部分幼儿虽然也跟着老师来到洗手间，但他们却在洗手间里转悠了一圈儿或者玩儿了一趟，就出去了。这是由于他们急于参加活动，忽略了活动前如厕的重要性，没有养成提前如厕的好习惯。

7. 成人的责怪和批评

幼儿尿裤子或拉裤子后，如果家长或老师对幼儿过于责怪和批评，就会使幼儿产生心理负担。有时候，幼儿即便知道尿裤子是件很难为情的事情，但由于成人的压力，使他们越不想这样，就越容易这样。

方法措施

1. 合理安排时间，提前发现问题

户外活动时，班中教师应该合理安排游戏时间，多关注幼儿状态。保育员应了解每一位幼儿的身体状况，提醒幼儿有尿或者肚子不舒服时要告诉老师；发现幼儿有憋尿现象应及时解决，避免不必要的情况发生。

2. 建议家长选择舒适、方便穿脱的裤子

保育员应建议家长为幼儿购买穿着舒适、安全的裤子，同时也可以提醒家长不要让幼儿穿得过于臃肿。

3. 创设轻松环境

幼儿园是幼儿一日生活和学习的地方，老师应给幼儿创造一个愉快、和谐、轻松的环境，并且鼓励他们想如厕时一定要提前和老师说。刚上小班的幼儿对新环境不适应，老师应多给幼儿提供心理上的帮助和安慰，消除他们的紧张情绪，帮他们建立安全感。

4. 关注幼儿用药

保育员应关注每位幼儿的吃药情况，及时与班中教师、家长沟通，并随时关注幼儿的状态，如发现幼儿有异常，要及时解决。

5. 培养幼儿提前如厕的习惯

无论是保育员、班中教师还是家长，都应注重培养幼儿提前如厕的良好生活习惯，提醒幼儿不要憋尿，有了尿意应及时如厕。为了提高幼儿提前如厕的意识，保育员也可以与班中教师协商，通过讲故事或观看动画片等方式，让幼儿知道憋尿不益于身体健康。

6. 不要过于责怪与批评幼儿

家长和老师在处理幼儿尿裤子或拉裤子的问题时，不要过于责怪和批评幼儿，而要用温和的方式让他们认识到尿裤子或拉裤子是不好的。不管是班中教师、保育员还是家长，如果发现幼儿表现良好，要及时强化，多称赞鼓励，一定要保护幼儿的自尊心。

19 如何引导幼儿学会便后擦屁股?

付 琦

案例

一天，然然在幼儿园刚大便完，就对老师说："我拉完了，请帮我擦屁股。"老师微笑着回答："你已经是中班的小朋友了，可以自己擦干净。"然然听了噘起小嘴，一副生气的样子。老师把叠整齐的卫生纸递给她。她小声嘟囔着不去拿。老师再三询问原因，她才小声说："太脏、太臭了，我不想擦！"老师对然然说："今天我先帮你擦两下，你自己擦最后一下，好吗？"然然听完低头不语，大眼睛却转来转去。老师接着说："我们把马桶里的便便冲走就不会那么臭了，然然就能自己擦一下了，对吗？"听到冲马桶的声音，然然想了一会儿，在马桶前面站起来。老师很快用两张纸擦完了两下，并把第三张纸递到然然手里，鼓励她说："刚才我擦哪里，你就用纸擦哪里，不会弄到小手上。"然然迟疑了片刻，用手捏着卫生纸匆匆地擦了一下，就把脏纸扔进纸篓。接着她马上看了看刚刚擦屁屁的小手，发现确实没有弄脏。老师笑着说："然然真棒！会自己擦屁屁啦！快来，用香皂把小手洗出香味。"然然听了老师的话，高兴了起来。她整理好衣服来到水池前，一边洗手一边对着镜子里的自己偷偷地笑。第二天一早，老师又在然然妈妈面前表扬她，说然然升入中班，长大了，自己能学着擦屁屁，进步特别大。然然听着老师的称赞，牵着妈妈的手，一脸骄傲地走进活动室。

原因分析

1. 依赖心理

在幼儿看来，擦屁股之类的事情应该都是由成人做的，他们没有意识到自己长大了，应该具备自己照顾自己的能力，仍然存在较强的依赖心理。

2. 身体发育尚不完全

有些幼儿不愿意自己擦屁股是因为个子矮小或体型偏胖，有些是因为冬天穿的衣服太厚，手臂确实够不到。

3. 家长习惯包办

有些家长觉得幼儿还小，尚不能完成这样的任务，因此，多数情况下会主动帮幼儿擦干净屁股，从而剥夺了幼儿锻炼的机会。

方法措施

1. 老师适当帮助

幼儿刚刚开始学习自己擦屁股，老师可以先帮助幼儿把屁股上的便便擦干净，然后再让幼儿自己擦两遍，并提示幼儿擦一遍就把纸叠一下，然后再擦一遍后就把纸扔掉。老师坚持引导幼儿一段时间，就可以教会幼儿擦屁股的方法。

2. 家园共育

老师可以把幼儿不能独立擦屁股的实情告诉家长，引导家长在家中有目的地锻炼幼儿自己擦屁股。

20 幼儿不愿意在园大便怎么办?

丁迎迎

案例

天天有一双炯炯有神的眼睛，一个小巧玲珑的鼻子，一张能言善辩的嘴巴，一头乌黑浓密的短发。在幼儿园，他是建筑区里的小能手，也是老师的小帮手，还是体育活动的小健将，深受老师和其他幼儿的喜爱。但是，有一件事却成了天天在幼儿园生活的难题——天天在幼儿园不愿意大便，每次有大便都是憋着，不跟老师说，也不去洗手间，一直憋到离园回到家才大便。有几次憋不住了，天天在回家的路上就要找洗手间。为此，家长希望老师能够帮助他，可他却不同意，并哭着说，如果告诉老师，他就不上幼儿园了。在幼儿园，老师有时提醒他去大便，他总是很紧张地摆摆手，小声地说:“我没有大便。”就这样，一个学期过去了，他仍然不愿在幼儿园大便。

原因分析

1. 环境改变

幼儿进入幼儿园后，由于环境的改变，适应幼儿园的生活需要一段时间。有的幼儿不愿意在幼儿园大便，是因为在家大便时用坐式便盆，到了幼儿园还不习惯用坐式马桶或蹲式便池大便。

2. 心理问题

幼儿刚入园，对周围的一切都感到陌生，如果不愿意在幼儿园大便可能有各种原因。有的是因为不会擦屁股，不敢向老师说；有的是因为害怕一个人在洗手间；有的是因为大便时需要成人陪伴，不敢向老师提出需求；有的是因为便秘，怕告诉老师后会引起老师的斥责。

方法措施

1. 故事引导

老师可以收集一些关于幼儿排便的绘本故事，如《糊糊、臭臭、便便、球球》《我是便便超人》《幼儿园里上大便》等，和幼儿一起分享。通过阅读这些绘本，让幼儿了解大便和我们的日常生活密切相关，是我们身体健康状况的晴雨表，只有养成良好的排便习惯，身体才能更健康。老师可以通过讲述绘本中的小故事，帮助幼儿减少在幼儿园如厕的紧张感，让幼儿轻松如厕。

2. 环境影响

班中教师可以在班里设立“幼儿大便记录表”，请幼儿大便后用自己喜欢的小贴纸记录在“幼儿大便记录表”上，让幼儿感受到在幼儿园大便是幼儿园生活中的一部分。同时，也会鼓励其他幼儿在幼儿园轻松如厕。还可以在洗手间绘制一些生动可爱的图画，为幼儿营造轻松如厕的氛围。

3. 家访陪同

保育员可以接受家长和幼儿的邀请到幼儿家中做客，创造与幼儿亲近玩耍的机会，提高幼儿对保育员的信任。如果在家访期间遇到幼儿想排便的情况，保育员可按照他在家的大便习惯，主动帮助他解决大便中遇到的问题，从而使幼儿在老师的帮助、陪同下顺利完成排便。通过这种循序渐进的方式增强幼儿对老师的信任，同时有了家访期间老师陪同幼儿如厕的经历后，幼儿再在幼儿园遇到类似困难时也会愿意主动寻求老师的帮助。

21 如何引导幼儿便后整理衣服？

王君辉

案例

小雨做什么事情都喜欢争第一。如厕后，其他幼儿都在认真地整理自己的衣服，小雨却一个人忙着往外走，抢着去当排头。老师悄悄地提醒他："小肚子着凉会生病的，快把衣服塞进裤子里吧！"只见小雨随意地揪了揪裤子，就往活动室走。老师把他叫住，一边帮他塞后面的衣服，一边提示他把前面的衣服整理好。之后，老师把小雨带到镜子前，夸他的衣服整理得好，小雨看着镜子里的自己，开心地笑了。于是，老师趁机和小雨"拉钩"约定好：以后要自己把衣服整理好后再去做别的事情。

原因分析

1. 活动的吸引

如厕后，很多幼儿可能会对接下来的活动更感兴趣，急着要离开而忘了便后整理衣服的事。而大一些的幼儿虽然知道要如何整理衣服，也明白不能露出小肚皮，却会嫌塞衣服太麻烦、太耽误时间，"懒"得在参加活动前将衣服整理好。

2. 能力有限

年龄较小的幼儿因为手臂力量不够，双手协调、配合的能力有限，从而对整理衣服有畏难情绪。这导致他们不会塞衣服或只能塞前面的衣服，或是对整理衣服不够主动。

3. 依赖心理

一方面，家长总是包办代替，使幼儿缺乏锻炼的机会产生依赖心理，甚至造成他们的动作发展相对滞后。另一方面，幼儿缺乏自我服务意识，很多事情仍需成人的提醒与帮助才能完成。

方法措施

1. 练习法

老师要为幼儿创造动手练习的机会。例如，保育员可以在生活中带着幼儿反复练习整理衣服，提高幼儿的动手能力；对于动作发展较好的幼儿，老师可以鼓励他们自己动手，寻找快速整理好衣服的方法；尽量寓教于乐，帮助幼儿养成便后整理衣服的好习惯。

2. 渗透法

老师可以根据幼儿的年龄特点，在特定的环境中向幼儿渗透便后整理衣服的知识。如在小班的厕所墙面上，粘贴整理衣服的图画，帮助幼儿形成便后整理衣服的意识；在中班的厕所墙面上，可以悬挂整理衣服的步骤图，帮助幼儿了解其中的方法；在大班阶段，可以增加幼儿自我评价的内容。

3. 迁移法

当幼儿出现便后不整理衣服的现象时，老师要因势利导，如以“娃娃”的口吻告诉幼儿，不整理好娃娃的衣服，它就会不漂亮、不舒服、爱生病，从而把“娃娃”的情感迁移到幼儿自身的行为中，激发幼儿便后主动整理衣服的愿望。

4. 鼓励法

老师要积极肯定幼儿便后整理衣服的行为，激发幼儿自己整理衣服的兴趣。

5. 提示法

在幼儿如厕后的衣服整理环节，保育员要适时提示幼儿，使他们逐渐养成便后整理衣服的好习惯。

22 幼儿穿反鞋子怎么办？

阎 琦

案例

起床后，王老师习惯性地看看有没有幼儿把鞋穿反了。还没等王老师提醒，沫沫就大声地说："老师，有小朋友把鞋穿反啦！""是吗？能说说你是怎么看出来的吗？""鞋子头不能碰到一起！""他们的鞋不能紧紧地挨着！"孩子们争先恐后地说了起来。"谁有好的方法能帮助他们把鞋穿对呢？"沫沫抢着说："我知道！如果小鞋子像好朋友一样能够头碰头，那就是穿对了；如果小鞋子背靠背，扭着头，那就是穿错了！""这个方法特别好，现在就请小朋友们自己检查鞋子，看看有没有背靠背的小鞋子？"等王老师说完，孩子们便认真地低下头，把脚并在一起比较。童童和滔滔很快发现自己将鞋子穿反了，迅速地换了过来。西西的年龄较小，不过在老师的帮助下，也发现了问题，并很快换好了鞋子。"现在，小鞋子都能头碰头啦，以后小朋友们每次穿好鞋子后，都用这个方法检查一下，就不会再把鞋穿反啦！"王老师高兴地说。

原因分析

1. 年龄尚小

幼儿的两只鞋子通常在颜色、大小和图案上是一样的，只是弯曲的方向有细微的差别。一方面，幼儿由于年龄尚小，其观察水平还不足以发现相似事物之间的细微差别，因此，会经常把鞋子穿反。此外，幼儿的年龄特点还决定了他们很难分清左和右，即往往分不清哪只鞋子应该穿在左脚，哪只鞋子应该穿在右脚。另一方面，家长在给幼儿买鞋时通常会买得稍大一点儿，导致幼儿即使将鞋子穿反了，多数情况下也没有不舒服的感觉。

2. 家长包办代替

幼儿在家，什么事情都习惯性地由父母或其他长辈包办代替。穿衣服有大人帮忙；吃饭需要大人喂；穿鞋子更不用自己动手，也由大人帮忙穿好。由于自己没有动过手，幼儿根本意识不到穿鞋时需要把鞋子分成左和右。因此，幼儿在幼儿园穿鞋子时就会经常把鞋穿反。

方法措施

1. 故事引导法

班中教师可以借助故事或诗歌启发幼儿自己发现问题、解决问题，而不是简单地说教，要让幼儿在故事或诗歌的情境中自觉地发现自己把鞋穿反了，并主动把鞋调换过来，以此锻炼幼儿的自理能力。

2. 物品辅助法

如果幼儿分不清鞋子的左和右，保育员和班中教师可以用不同的标志辅助幼儿将鞋子穿好。例如，可以在鞋子里面放上不同颜色的鞋垫，红色的放在左鞋里，黄色的放在右鞋里；或是在鞋跟处贴上不同贴画，小猫贴在左鞋上，小狗贴在右鞋上，以此来区分鞋子的左和右。

3. 表扬鼓励法

当幼儿穿对鞋子时，老师一定要给予充分的肯定，在全班幼儿面前表扬他，让幼儿增加自信心和自豪感，进而对穿对鞋子充满信心。

4. 家园配合法

老师在与家长沟通时，可以建议家长，让幼儿在家时利用亲子小游戏等方式练习穿鞋子。家长可以故意将鞋子穿反，让幼儿指出鞋子穿错了，然后请幼儿帮忙纠正；尽量避免出现在幼儿园和在家用两种不同的穿鞋标准要求幼儿。如果在幼儿园时老师要求幼儿自己穿鞋子，找对左右脚；而在家时家长却主动帮幼儿穿好鞋子，这样的双重标准往往会导致事倍功半，也达不到锻炼幼儿的效果。

23 幼儿不会拉拉链怎么办?

付 琪

案例

深秋了，天气冷了，赵老师提醒幼儿到户外活动时穿好羽绒背心。轩轩第一个把背心穿在身上，跑到老师面前说:“请老师帮我拉拉链！”老师说:“大家都在自己拉拉链，你也试一试！”轩轩点点头，学着其他幼儿的样子试着自己拉拉链。但是老师发现，他直接用手将拉链两头往一起碰。无论他怎样用力，只要一松手，拉链的两端就会分开。不一会儿，轩轩的小鼻头已经冒出汗珠。他开始自言自语:“这个拉链一点儿都不听话！”老师蹲下来，笑着对他说:“你用左手捏住拉链的‘头’，右手捏住‘小骨头’，插到拉链张开的‘嘴’里。”赵老师一边给轩轩讲，一边握住轩轩的小手进行演示。赵老师捏紧拉链底部后说:“自己拉一下，试一试！”轩轩用小手轻轻一拉，拉链头就拼命向上爬。老师连忙表扬他:“轩轩的小手越来越能干了！”轩轩笑着对老师说:“谢谢老师！”

赵老师知道轩轩拉拉链的动作很生疏，双手配合也不协调，让他单独完成拉拉链还会有困难。因此，每到轩轩穿羽绒背心时，赵老师都会主动来到轩轩面前，鼓励轩轩自己动手。慢慢地，轩轩的小手越来越灵活，双手配合越来越默契，很快就学会了独立拉拉链。赵老师把这个好消息告诉了轩轩妈妈。轩轩妈妈高兴地亲亲他的小脸说:“我的宝贝可真棒！自己会拉拉链啦！”轩轩也为自己的进步感到十分高兴。

原因分析

1. 手部肌肉发育不完善

年龄较小的幼儿要完成拉拉链的任务确实存在困难。因为幼儿年龄小，手部精细动作的发展需要一个锻炼提升的过程，手、眼协调能力也有待提高，哪怕是一个“插”的动作都需要幼儿多次练习才能完成。

2. 有畏难情绪

幼儿虽然年龄小，但也会因为某件事情屡试屡败而感到沮丧，甚至挫伤了自尊心。如果成人不积极鼓励或适时提供帮助，就会让幼儿对困难产生畏难情绪，丧失自信。

3. 家长包办代替

在家中，大部分幼儿都是骄傲的“小王子”“小公主”，很多事情家长都会包办代替，因此，案例中幼儿出现不会拉拉链的情况不足为奇。

方法措施

1. 创设情境

针对年龄较小的幼儿，班中教师要减少枯燥的练习，可以创设游戏情境，就像案例中的赵老师一样，把拉链的卡槽想象成“嘴”，把拉链的插销想象成“骨头”，让幼儿在游戏中练习。这样，幼儿会兴趣十足，练习的效果就不言而喻了。

2. 分解动作

拉拉链看似简单，但对幼儿来说却并不容易。保育员和班中教师不妨让幼儿把动作分解一下，逐一练习。比如，一开始老师帮忙插好拉链，幼儿只需自己动手向上拉即可。接下来老师可以引导幼儿自己完成插的动作，如果幼儿根本对不准，插不进去，老师可以先让幼儿多试几次，再帮助他们。这样幼儿不仅不会产生畏难情绪，还能看到自己的进步。总之，动作分解是帮助年龄较小的幼儿掌握复杂技能的较好方法。

3. 体验成功

成功带来的喜悦是幼儿继续练习的内在动力，能够激发幼儿面对困难的勇气。老师在幼儿练习的过程中，要用鼓励的方法帮助幼儿体验成功，要保护幼儿“想学”的愿望。其实，幼儿努力的过程比学会拉拉链更重要。

24 幼儿不会扣扣子怎么办？

许一君

案例

午睡时间到了，于老师提醒几个还在脱衣服的幼儿加快速度，只见小文正吃力地扯着一件开衫的右袖口，准备将手缩回拽出。于老师见状，连忙走过去告诉他："小文，解开扣子就可以脱下衣服呢！"说着便帮助小文解开了上衣的两个扣子，并让小文自己把剩下的扣子解开，同时提醒他赶快上床睡觉，避免着凉。脱下了衣服，小文噘着小嘴走到床边，躺了下来，没过一会儿就睡着了。起床后，孩子们陆续穿好了衣服，只有小文还坐在原位，手里拿着小开衫唉声叹气："怎么弄呢？"于老师见状走了过去问他："小文，你怎么了？"小文低着头，两只小手用力地来回扯着衣服，说："老师，我不会扣扣子。"看着小文害羞的样子，于老师笑了笑，说："没事的，不会扣可以请老师或其他小朋友帮助你呀。"说着，于老师一边帮小文穿衣服，一边和他一起把扣子扣好，并约定明天中午还要一起玩扣扣子的游戏。

原因分析

1. 幼儿平时不常穿需要扣扣子的衣服

对幼儿来说，穿开衫需要系扣子比较麻烦，相比之下，套头的衣服穿、脱更方便，因此，有些家长平时很少给孩子穿开衫，使得孩子缺少练习扣扣子的机会，导致他们不会扣扣子。

2. 手部肌肉不够灵活

扣扣子是幼儿在生活中经常遇到的问题，也是一个需要手眼协调配合才能完成的动作。由于幼儿年龄小，他们手部的小肌肉还不够灵活，双手还不能很好地配合来完成这个精细动作，因此，在小班幼儿中，不会扣扣子、扣错扣子的现象很普遍。

3. 家长包办代替

由于家长的溺爱，很多应该幼儿自己做的事情都被家长包办了。有的家长可能认为幼儿自己扣扣子太慢，浪费时间，却不知这样会剥夺幼儿自己动手的机会，造成幼儿缺乏动手解决问题的体验。

方法措施

1. 在示范引导的同时增加游戏环节

保育员和班中教师要耐心、细致地给幼儿讲解扣扣子的方法，引导幼儿从上往下或从下往上扣。通过讲解示范，过渡到帮助、引导幼儿完成，最后再放手让幼儿独立完成。

年龄越小的幼儿越对游戏感兴趣，老师可以将扣扣子的技能编成故事、儿歌等，帮助幼儿学习扣扣子；还可以制作锻炼小肌肉的玩具材料，开展如穿珠子、做苹果树、系鞋带等游戏活动，让幼儿在游戏活动中锻炼手部小肌肉的灵活性，以此激发幼儿学习的愿望。

2. 多表扬与鼓励

当这些不会扣扣子的幼儿能自己扣扣子了，老师一定要多鼓励和表扬，减少幼儿的“畏难”情绪和怕麻烦的心理，增强他们自己扣扣子的积极性和自信心。

3. 给幼儿提供锻炼的机会

保育员要和家长沟通，建议家长适当放手，不要包办代替，让幼儿在家也自己穿衣、脱衣，学习扣扣子，做力所能及的事情。在幼儿做事情的时候，家长可以在旁边指导，告诉幼儿应该怎样做，当他们完成一件事情时，要多表扬，从而树立幼儿的自信心。

25 幼儿不会穿衣服怎么办?

闫 艳

案例

午睡后，严老师发现嘟嘟抱着一堆衣服，跟在她身后转来转去，便问他："嘟嘟，你有什么事啊？"他把胳膊一伸，只说了两个字："穿上。"严老师知道他是想让自己帮他穿衣服，于是接过嘟嘟手里的衣服，蹲下来，对他说："嘟嘟，你都升中班了，自己试着穿，好吗？""我不会，你帮我穿。"严老师又对他说："老师可以帮你穿，不过，你自己来扣扣子行吗？"他点点头。其实，小班幼儿也经常会发生像嘟嘟这样的情况。尤其是天气寒冷的时候，幼儿需要穿一件又一件的衣服，穿、脱厚重的衣服总是会给他们带来挑战。

原因分析

1. 家长包办代替

在家里，一方面，幼儿的衣食住行几乎都是成人包办代替，幼儿什么都不用想，更不用做，因此，缺少锻炼的机会；另一方面，现在的父母工作都比较忙，早上着急上班，幼儿自己穿衣服往往动作慢，因此，家长帮助幼儿穿戴整齐反而显得更省事。

2. 衣服样式多增加了穿衣难度

现在衣服的样式多种多样，在一定程度上增加了幼儿学会穿衣服的难度，比如有些是套头穿，有些是开衫；有些是系扣，有些是按扣，有些是拉锁，这都会给幼儿穿、脱衣服带来一些麻烦。

3. 幼儿手部肌肉发育尚不完善

由于存在个体差异，有一部分幼儿因为手部小肌肉动作发展较慢，穿衣服的技能掌握得还不够熟练，还不能独自完成穿衣服的动作。

方法措施

1. 操作练习法

保育员和班中教师可以利用幼儿善于模仿与观察的天性，将其他幼儿穿衣服的照片或步骤图贴在墙上。当幼儿需要穿衣服时，不用去找老师帮忙，自己看着墙上的照片或图片，就能试着练习穿衣服。老师还可以在游戏区投放一些扣子、拉锁、鞋带等游戏材料，让幼儿通过做游戏，促进手部小肌肉动作的发展。

2. 情景扮演法

利用情境游戏，帮助幼儿学习自己穿衣服。老师可以在角色区活动的过程中，让幼儿通过角色扮演，模仿再现生活情景。例如，通过让幼儿给娃娃穿衣服，可以训练幼儿分清衣服的前后、正反；还可以在幼儿扮演角色时，让他们穿上与角色相配的不同服装，使幼儿在游戏的过程中，不知不觉地学会穿衣服。

3. 表扬鼓励法

表扬鼓励法似乎对每个问题都适用，因为几乎所有幼儿都喜欢被表扬、被肯定。当幼儿在穿衣服方面表现出积极的变化时，老师和家长要多用赞赏、鼓励的语言，让他们发现自己的进步。

4. 家园共育法

保育员要及时与家长沟通，请家长配合，建议家长在家也尽量引导幼儿自己穿衣服，不必包办代替，但可以在旁边用语言指导。这样既能锻炼幼儿的倾听能力和理解能力，又能培养幼儿的独立性，树立他们的自信心。工作忙的家长可以利用休息日的时间，引导幼儿循序渐进地练习，让他们知道自己可以做好自己的事。

26 幼儿户外活动后满头大汗怎么办？

李　婧

案例

每天的户外活动时间是幼儿们最开心的时候，他们跟着老师一会儿围成圆圈踏步拍手，一会儿变成一队“小鱼”游来游去，一会儿又学着小兔子蹦蹦跳跳。在老师的带领下，他们拿着手中的小球做着投掷练习——“喂喂小鸭子”。分散活动开始后，有的幼儿骑着小车，有的滑着大滑梯，有的认真地拍着皮球。不一会儿，就陆续有幼儿头上渗出了小汗珠。乐乐一边擦着头上的汗，一边向老师走来：“王老师我累了，我想歇一会儿。”另一边，满头大汗的顺顺还在滑梯那爬上滑下，玩得正起劲，不一会儿，顺顺的脸也热得通红了。

原因分析

1. 幼儿因喜爱游戏而活动过于剧烈

户外活动时，班中教师会安排丰富的体育游戏让幼儿达到一定的运动量。加之在分散活动中，幼儿会和自己喜欢的同伴尽情玩耍，很容易玩得满头大汗。

2. 幼儿的身体素质不同

通过观察幼儿出汗的情况，班中教师和保育员可以基本了解幼儿的活动量是否适当。如果大部分的幼儿已满头大汗，说明他们的活动量较大，需要适当休息。但个别幼儿出汗多的原因也可能是因为他们本身爱出汗，或是因为太胖的缘故。

3. 天气炎热

夏天天气炎热会导致幼儿身体的新陈代谢加快，活动时也容易出汗。

方法措施

1. 动静交替

班中教师在带领幼儿开展户外活动的时候，应该遵循动静交替的原则。在结束需要大运动量的游戏活动后，要适当调整运动强度，玩一些动作舒缓的游戏，或者利用这个时间对幼儿的活动进行评价。这样既保证了幼儿的户外活动量，又不会造成他们过于疲劳。如果已经出汗的幼儿还想继续活动，可让他们先休息一会儿，做一些相对安静的游戏，例如走平衡木，做到“动静交替”。

2. 关注个体差异

老师应在户外活动前充分了解每位幼儿的身体状况，知道班中哪些幼儿爱出汗，有没有既往病史，当天来园是否带药了，是否有身体上的不适，等等。只有对这些情况都做到了心中有数，在户外活动时，老师才能在照顾好全体幼儿的同时，还能特别关注个别幼儿。如果发现幼儿身体欠佳，微微出汗了，就要让幼儿休息一会儿，然后视其身体情况再确定是否让幼儿继续参加活动。

3. 别穿太多衣服

在天气较冷的时候，老师可能会因为担心幼儿着凉而为他们穿较多衣服，使得幼儿在户外活动时更易出汗；出汗后的幼儿会因为怕热而脱掉衣服，冷热交替下，幼儿很容易着凉感冒。因此，在户外活动前，老师不要给幼儿穿太多衣服，可以比平时出门时少穿一件。

4. 及时擦汗与喝水

在幼儿出汗后，老师可为幼儿准备纸巾或者毛巾，并适时提醒幼儿擦汗。尤其在夏天，一般教室里都会开着空调，如果幼儿满头大汗地进入空调房，很容易着凉。在这种情况下，应该让幼儿在盥洗室把汗擦干后再进入教室，同时要提醒出汗较多的幼儿多喝水，补充流失的水分。

5. 选择适宜的场地

在夏季开展户外活动时，老师应注意提醒幼儿在阴凉的地方活动，避免因为阳光直射造成他们体温升高过快，出汗过多。在冬季开展户外活动时，老师可以先将幼儿安排在阳光充足、较温暖的场地活动，当幼儿逐渐觉得暖和、适应室外温度时，再调整活动场地。

27 户外活动前如何引导幼儿做准备?

李屹菲

案例

户外活动前赵老师带领幼儿到盥洗室饮水,到厕所方便。这时,天天却在教室里漫不经心地走来走去,一会儿到玩具柜前摸摸玩具,一会儿又到门口看看外面,不知道他想要干什么。赵老师走到他身边说:“天天,一会儿我们就出去活动了,你先去小便,然后整理好衣服。”他点了点头,但等老师一转身,他直接站到了队伍中。赵老师见状,又提醒他去如厕。他皱了一下眉,快速地来到盥洗室,小便完后提上裤子就要往外冲。赵老师赶紧提醒他说:“天天,别着急,先把衣服整理好,我会等你的。”天天听老师这么说,胡乱地塞了塞衣服,可怎么也塞不好。赵老师赶紧上前帮他,他才紧跟上其他幼儿一起到户外活动。

原因分析

1. 自我服务意识不强

幼儿年龄小,自我服务的意识不强,自理能力较弱,像整理衣服、拉拉链、扣扣子、系鞋带等看似简单的事情,对年龄尚小的幼儿来说也并不容易。正如案例中的天天一样,他还不能独自安排、完成自己的事,离不开老师的提醒和协助。

2. 生活经验不足

幼儿的生活经验不足，他们不会根据室外的气温变化选择适合的衣服，还需要老师提示。此外，幼儿的自我保护意识还有待提高，对危险缺乏预见性。

方法措施

1. 及时提醒

幼儿的年龄小，缺乏安全意识，因此，在户外活动前，保育员和班中教师要提醒幼儿做好准备，仔细查看幼儿的穿戴是否合适：要检查幼儿的鞋带是否系好，鞋子是否穿正、合脚，避免幼儿活动时摔伤；检查拉链是否拉好，扣子是否系好，避免在活动中发生安全问题；检查衣服是否塞进裤子里，兜里是否有尖锐物品；还要根据天气情况提醒幼儿增减衣服，避免因出汗多而着凉感冒；天冷时，在外出活动前应提醒幼儿涂抹护手霜。

2. 提供帮助

保育员要细心观察、耐心引导发展水平不同的幼儿。面对年龄较小、能力较弱的幼儿，要告诉他们需要做什么，如何去做；或是鼓励同伴之间相互提醒、帮助，使幼儿逐渐学会做户外活动前的准备工作。

3. 注意安全隐患

为了避免发生意外，在活动前，保育员还要检查活动场地是否存在安全隐患，有无障碍物或是危险品，提醒幼儿加强警惕，注意安全。

4. 准备材料

小班的保育员要提前了解活动内容，将户外活动的场地布置好。中班、大班的保育员还要带领值日生提前准备好户外活动所需材料。如果有新器械，保育员还要提前为幼儿讲解使用方法，避免发生意外。

28 户外活动时保育员应该做什么？

张　琳

案例

玩捕鱼游戏时，霄霄一直兴奋地奔跑着。游戏暂停时，保育员汤老师手里拿着一块吸汗巾走到霄霄身边，铺平放在他的背上，夹在衣服里，笑着让他继续游戏。带领幼儿做放松活动时，汤老师叫来了有些胖胖的琪琪，让她和其他幼儿一起搬运分散游戏时需要用到的玩具。分散活动时，汤老师的眼睛就像高速转动的雷达一样，探测着身边每个幼儿的活动情况，并为他们提供帮助：一会儿提醒满头大汗的幼儿休息一下再玩；一会儿提醒骑小车的幼儿速度不要太快；一会儿提醒踢球的幼儿注意脚下，小心摔倒；有时还会加入跳绳幼儿的队伍，向幼儿讲解绳子需要相隔多远，才不会打到别人。

原因分析

1. 老师的职责分工不同

在户外活动时保护、照顾好幼儿是保育员的重要职责之一。幼儿在进行户外活动时，往往会出现口渴、出汗过多、上厕所甚至摔倒等问题。班中教师的重点工作是带领幼儿有序地开展活动，因此，照顾幼儿的任务就落到了保育员身上。

2. 照顾幼儿的方式不同

在幼儿进行户外活动时，保育员的照顾工作往往是间接的。在正常情况下，他们虽然可能不直接参与幼儿的活动，但会随时观察幼儿的一举一动。

方法措施

1. 选择场地，准备器材

活动前，保育员要对场地的大小、器材的准备等做到心中有数。小班幼儿年龄较小，保育员要独立完成所有的准备工作。中班、大班则可以由保育员带领幼儿一起准备器材，这样也能培养幼儿的自理能力。分散活动时，保育员要引导幼儿划定区域，避免发生意外。例如，将玩球的幼儿尽量集中在一起，避免球砸到其他幼儿；将玩小车的幼儿引导到宽敞的场地活动，不要在大型玩具底下活动，避免幼儿发生磕碰事故。

2. 关注个体，做好护理

户外活动时，保育员要根据幼儿的活动情况，提醒幼儿增减衣服；夏季活动时，提前给幼儿涂抹花露水，避免蚊虫叮咬；冬季活动时，注意幼儿所穿的衣服是否保暖和便于运动；对于肥胖儿、体弱儿或生病的幼儿，可根据具体情况增减他们的运动量；对于出汗过多的幼儿，可以在他们的后背放一块吸汗巾；当幼儿出汗较多时，可以提醒他们擦擦汗，并让他们先休息一会儿，再加入活动。

3. 细心观察，融入活动

户外活动时，保育员也可以加入幼儿的队伍，参与幼儿的游戏，这样可以直接关注到幼儿，了解他们的需求，例如鞋带是否开了、裤子是否掉了等。这样既可以让幼儿感受到师生共同游戏的快乐，也能确保他们在第一时间得到细致的照顾。

4. 结合体能测试，有针对性地提高幼儿能力

在体能测试中，如果有部分幼儿运动能力较弱，在分散游戏时，保育员可以鼓励这些幼儿多练习，提升他们的运动能力。

29 如何做到按时给幼儿服药？

李雪金

案例

开学没几天，辰辰妈妈送辰辰到幼儿园，从包里掏出一瓶口服液和一袋冲剂，对肖老师说："孩子晚上咳嗽得厉害，麻烦老师帮忙中午喂辰辰吃药。"肖老师笑着让辰辰妈妈去填写药单，又拿起两种药看了看，确定不是消炎药后跟药单又进行了核对，确认无误后才把药放进了药箱。肖老师问："辰辰妈妈，在喂药时有什么需要注意的吗？"辰辰妈妈说："两种药最好分开服用，谢谢您！"

午饭后半小时，肖老师拿着药单准备让辰辰吃药，想起辰辰妈妈关于两种药分开服用的嘱咐。于是，安排辰辰在午睡前喝口服液，起床后再帮助他把冲剂服下。服药后，肖老师在药单上签字并把空药袋和药瓶放回药箱，准备保存三天。每次饮水，肖老师都提醒辰辰多喝一些，并观察他的身体状况，留意他是否有发热症状。放学的时候，肖老师特意与辰辰的家长进行了简单交流，让家长了解幼儿的在园情况。辰辰妈妈微笑着向老师道谢，牵着辰辰的手回家了。

原因分析

1. 家长工作忙，需要老师帮助照顾生病的幼儿

当幼儿生病且不严重时，家长会坚持送幼儿到幼儿园。一方面，家长的工作压力大，单位请假不方便；另一方面，家长认为孩子的病情不是很严重，有老师照顾，很放心。

2. 环境、气候等因素造成幼儿生病

一是随着城市人口密度的不断增加，空气污染越来越严重，幼儿受环境影响，增加了患病概率。二是现代城市里，幼儿活动的场所越来越多，有些家长经常带幼儿到室内有儿童娱乐设施的场所活动，殊不知这种场所会增加交叉感染的机会。三是在四季分明的地区，气温变化明显，季节交替时幼儿也很容易生病。

方法措施

1. 设闹钟提醒，形成规律，按时服药

保育员的工作琐碎、事务繁忙，为了避免延误幼儿服药时间，可以采取相应措施。一是设置闹钟提醒。负责让幼儿服药的保育员在幼儿饭后设置闹钟，提醒自己应及时让幼儿服药。二是形成让幼儿按时服药的规律。依据一般服药时间规律，保育员可以在活动区活动结束后，让幼儿服用上午的药；在幼儿上床睡觉前服用中午的药；在家长接园之前服用晚上的药。长此以往，就能形成规律，保育员自然也能记住让幼儿服药的时间了。

2. 注意方式和方法

保育员喂幼儿服药一定要按照家长要求的时间和方式操作。喂药前，应检查幼儿的用药记录，包括用药的时间、次数、药名、剂量，并核对幼儿的姓名；要注意洗手，并鼓励幼儿自己吃药；对不配合吃药的幼儿，要多用一些鼓励性的话语，以消除他们的抵触情绪；可以安排幼儿先吃甜药，后吃苦药，不许幼儿自己随便拿药吃；必须看着幼儿把药吃下后再离开，并要观察幼儿用药后是否有不良反应；服药结束后，剩余的药一定要放入班里指定的药箱，填写用药记录并签字，在放学时通知幼儿家长。

30 幼儿不喜欢服药怎么办？

高　雅

案例

一天早晨，珠珠爸爸带着珠珠走进班级，对门口接待的张老师说：“老师，孩子有点儿不舒服，这是我给他带的药。这药太苦，他一吃就吐。麻烦您让他饭前吃吧，要是饭后吃，吃的饭都得吐出来。”一旁的珠珠也跟着说：“这药特别苦，我一吃就吐，嘴里都是药味。”张老师接下了药，提醒家长填写好药单并核对无误后，就带珠珠走进了活动室。

午饭前，张老师叫来珠珠，把沏好的药汤递到他手里。珠珠一看到药，就露出不高兴的表情，他跟张老师说：“这药特苦，我吃了就吐。我爸每回都让我吃完药后吃一块糖，压那味儿。”珠珠一边说，一边好像陷入了痛苦的回忆。张老师提醒珠珠赶紧趁热喝药，他却皱着眉头端起药，刚抿了一口就放下杯子干呕起来。张老师连忙让他用清水漱口，过一会再继续喝药。看着拖着缓慢步子走来走去的珠珠，张老师从食品柜里取出了一个没用过的吸管，对他说：“你没用过吸管喝药吧，用这个试一试，看看药还有没有那么难喝。”珠珠明显被这新奇的喝药方式吸引了，一手拿着杯子，一手捏着吸管，一口气将杯子里的药全部喝完了。

原因分析

1. 不愉快的联想和药味本身苦

成人服用药物时也可能会出现身体不舒服的情况，幼儿也是如此。当他们提到药品，就会联想到医院、身体不舒服，等等。而且一般药物本身的苦味也会给幼儿留下不愉快的印象。因此，药品对幼儿来说，不是一个能引发快乐的刺激物，多数幼儿不愿意服用药物。

2. 成人影响使幼儿形成一种心理暗示

成人的行为也会影响幼儿服药的效果，例如珠珠爸爸强调“药苦，吃了会吐”，幼儿就会认定“我吃这个药一定会吐”。成人夸大药的苦味，尤其是若过于强调吃药的痛苦过程，会直接影响幼儿对服药的认知，形成一种心理暗示，觉得吃药对自己来说太痛苦了。

方法措施

1. 鼓励幼儿大胆面对，消除对服药的恐惧

当幼儿有服用苦药的经历并排斥吃药时，老师可以耐心引导，用鼓励的话语激励幼儿:“这个药老师也吃过，我觉得没那么苦，你试一试。”或者说:“老师相信你，苦的药也不怕。”当幼儿主动服药后，应及时予以表扬。同时，老师可以引导幼儿理解药品的作

用，告诉幼儿按时吃药能促进身体恢复。另外，老师还可以把幼儿吃药的经历作为幼儿勇敢做事、不怕苦、会照顾自己的典型案例在班里提出表扬。

2. 掌握技巧，帮助幼儿轻松服药

案例中，张老师借助吸管帮助珠珠服用药物冲剂，这就利用了生活中的一个小窍门：幼儿喝饮料时用吸管。巧妙利用这一技巧可以帮助幼儿轻松服用中药或冲剂。而在服用药片、胶囊时，有些幼儿会感到吞咽困难，或是药含在嘴里太久致使糖衣化了，药片的苦味出来了。这时，老师可以教给幼儿吃药的方法：将药片放在舌头上，大口喝水，多喝几口，将注意力转移到喝水上来。

31 幼儿出现呕吐的情况怎么办?

高 雅

案例

集体活动后，保育员张老师陪着幼儿在盥洗室里排队洗手。站在队伍中间的宏宏突然开始呕吐，呕吐物落到了宏宏的衣服上和地面上。旁边幼儿急忙把这件事告诉老师。当张老师走过来时，只见站在宏宏后面的佳齐捂住嘴巴，一副痛苦的样子，他对张老师说:“老师，我忍不住了。”不一会，一旁的幼儿就对着老师惊呼:“老师，佳齐也吐了！”见此情形，张老师赶忙引导盥洗室内其他幼儿回到活动室，自己则留在盥洗室帮这两个幼儿擦拭衣服。简单清理后，张老师陪幼儿前往保健室。10分钟后，张老师领着佳齐回来了。原来，佳齐只是因为忍受不了呕吐物的味道而发生了呕吐反应；而宏宏则因为发烧被留在了医务室，由保健医照顾。

原因分析

1. 身体不适

幼儿会因为感受风寒，外邪犯胃，或者饮食不洁，患上消化道感染等疾病，并出现身体不适，有时还会出现呕吐。可幼儿由于年龄小，还不能完整地表述自己身体不适的情况，这就需要老师细心观察。

2. 心理问题

心理因素也是引起幼儿呕吐的一大原因。很多时候，幼儿身体本身没有不适，可当他们接触到自己不喜欢的食物时，就会在心理上形成自我暗示，对食物产生强烈的排斥或恐惧感，甚至会出现呕吐等情况。如幼儿不喜欢吃香菇或其他蔬菜，当让他们尝试吃这些东西的时候，他们就会马上连同已经吃进去的饭菜都吐出来，并对老师说：“我一吃这个就吐。”

3. 外部环境刺激

外界的某种刺激也能够快速引起幼儿的呕吐反应，如服用的药物过苦，幼儿可能会马上反应；一般感受到异味时，多数幼儿会掩住口鼻、露出痛苦的神情；少数幼儿（即通常说的“胃浅”的幼儿）则会受不了异味而立刻呕吐。此外，剧烈运动、运动伤害等因素也会造成幼儿呕吐。

方法措施

1. 留心观察，对幼儿状况做到心中有数

生病幼儿的表现与其平时在园的表现存在着一定差异。保育员可以通过幼儿的精神状态、饮食状况、与家长沟通所得信息，大致了解幼儿在园的身体反应。因此，保育员在班级生活中要密切观察，随时留心生病的幼儿，避免幼儿忍受身体痛苦。对于一些常见的因为情绪变化或刺激而引发呕吐的幼儿，保育员应该做到心里有数，避免强化幼儿的呕吐反应。在幼儿出现呕吐时，不要主观判断，应及时带幼儿去保健室检查，确保幼儿身体无恙。

2. 及时陪伴护理，缓减幼儿的痛苦

幼儿年龄小，出现呕吐时不能自己解决。这时保育员就要及时提供帮助：一是立刻陪在幼儿的身边，让幼儿弯腰，将呕吐物吐到垃圾桶或厕所里，不要让幼儿忍着或用手捂着；二是幼儿呕吐停止后，让幼儿用清水漱口、洗手；三是多数幼儿呕吐时呕吐物会沾到衣服上，在幼儿呕吐结束并漱口后，保育员要简单地为幼儿整理衣服，不要让呕吐物存留在幼儿身上；四是有备用衣服的可以为幼儿换上，并立即将幼儿送到保健医处检查；五是对于身体健康并无大碍的幼儿，保育员也要密切关注，适当减少其食量，确保幼儿的健康。

3. 清理污迹，保持环境整洁，做好消毒工作

在做好幼儿呕吐后的护理后，保育员应该马上清理污迹，及时清扫地上的呕吐物，并对屋子进行消毒；还要开窗通风，使异味尽快消散。

32 遇到幼儿食物过敏怎么办？

魏 薇

案例

这一天，午餐吃“鸡刨豆腐”和虾仁炒黄瓜，幼儿都吃得津津有味，只有丁丁不动筷子。汤老师走过去问他：“丁丁，怎么不吃饭呢？”丁丁嘟着小嘴说：“我不喜欢吃这个菜。”汤老师连忙问：“为什么？”丁丁解释说：“我吃虾仁会过敏的。”汤老师疑惑地问：“没有听妈妈说你吃虾过敏呀。”丁丁不高兴地说：“就是会过敏，我过生日那天吃了好多虾，然后就起了很多包，可痒了。”听到他这样说，汤老师马上打电话联系了丁丁的妈妈，向她了解情况。经过了解，原来丁丁上一次因为虾吃得太多才造成了暂时性的食物过敏，而并不是由于过敏体质导致的长期食物过敏，因此，少食用一些虾制品是没有问题的。于是，汤老师将与丁丁妈妈沟通的情况告诉了丁丁，并鼓励丁丁少吃一点试一试。丁丁也在老师的劝说下吃掉了几个小虾仁。从此以后，每次遇到有虾的菜，丁丁都会问：“老师，这个我能吃吗？”

原因分析

1. 暂时、生长性过敏使幼儿产生持久的恐惧

出现过敏现象的原因有很多，不同的幼儿可能会对不同的食物产生过敏。过敏的现象因人而异、因时而异。有些过敏伴随终身，是体质所致，而有些过敏则是生长性的，

幼儿在成长的某一个时期或某一个阶段对某种食物过敏，其实这样的过敏会随着幼儿的生长发育有所改变，案例中的丁丁就是这种情况，但一次过敏的经历却对他造成了长期的影响，因此，当他再碰到虾时，就会很自然地产生排斥心理。

2. 因挑食等问题引起的心理过敏

在日常工作中，保育员不能忽略幼儿因挑食而产生对某种食物的心理过敏问题。由于幼儿不喜欢一些食物而产生了一种心理暗示，表现为吃了这种食物就会出现全身痒或呕吐的状况，这种情况往往不会伴随出红疹的现象，只是自觉身体不适；或者是幼儿之前有过类似的因食用某种食物产生过不好的心理感受，导致他们在以后的生活中也排斥这种食物。

方法措施

1. 关注了解法

保育员首先要做到对班级中有过敏情况的幼儿心中有数，并能清楚地知道他们对哪一种食物有过敏反应，在进餐中关注这些幼儿的反应，一旦发现不适的现象，应马上采

取应急措施。对于特殊时段的过敏情况，保育员更应该随时关注幼儿的饮食情况，与家长做好沟通，同时还要关注幼儿过敏情况的变化。

2. 选择替代法

针对有过敏反应的幼儿，保育员可以视情节的轻重，对不同的幼儿采取选择替代的方法，一方面了解幼儿过敏的食物；另一方面留意每天的菜单，及时向保健医提出替换幼儿食物的要求，并做好记录。如遇到过敏不严重或没有可替换的食物时，可采取去除菜品中某种食物的方法，避免幼儿摄入引起其过敏的食物。

3. 家园共育法

对于因挑食而产生心理过敏的幼儿，保育员可以采取家园沟通的方法，让家长正视幼儿挑食的问题，家园一起帮助幼儿克服挑食，“杜绝”其过敏现象的发生。

33 幼儿习惯性吮吸手指怎么办？

迎 迎

案例

果果是个漂亮的小女孩，有着大大的眼睛、秀气的鼻子、饱满的小嘴、白皙的皮肤，再加上一头可爱的“自来卷”，很招人喜爱。第一天看到她，赵老师就被她的样子吸引了，但是也发现她有一个不良习惯——总是将大拇指放到嘴里吮吸。在教育活动时，果果神情专注地听老师讲课，不自觉地把大拇指放到嘴里；在轮流等待玩游戏时，果果也会把大拇指放到嘴里；在图书区看书时、在观看动画片时，她都会把大拇指放到嘴里吮吸；尤其是午睡时，她会把大拇指放到嘴里，吃得津津有味，有时还会发出响声。来园一个学期了，果果天天如此。老师每天都会提醒她，给她讲吃手的危害，但效果仍不明显。

原因分析

1. 父母疏忽

有的幼儿吮吸拇指，是因为家长的疏忽：幼儿在婴儿期出现吮吸手指行为时，家长由于在育儿书中了解到，婴儿期出现的这种行为到一定年龄阶段（8~9 个月大）后出现的时间和次数会明显减少直至消失，便没有刻意去纠正，可当幼儿吮吸手指逐渐形成习惯后便很难改正了。

2. 婴儿期的遗留问题

有的幼儿吮吸手指，是因为幼儿在婴儿期厌奶、排斥奶粉的味道，如果妈妈的母乳不足，幼儿有饥饿感就会吮吸手指，过了厌奶期后，就形成了吮吸手指的习惯。

3. 家长误导

有的幼儿吮吸手指，是因为在婴儿期没有母乳喂养，甚至没有和母亲生活在一起，而是由老人或保姆抚养。抚养人误认为让孩子吮吸手指能缓解孩子的不安感，久而久之，幼儿便养成了这种不良的习惯。

方法措施

1. 陪伴法

首先，在教育活动时，保育员可以坐在幼儿的身边，当看到幼儿把手指放到嘴里的时候，轻轻地把他的手拿出来，对其微微一笑，握住他的手并用眼神示意他继续听讲。其次，午睡时，保育员可以坐在（或躺在）幼儿的身边，握住他的手，和幼儿一起午睡。如果幼儿不自觉地想挣脱老师并将自己的手指放入嘴里时，要坚持握住其小手，并小声鼓励幼儿不吃手指也能睡着，同时轻拍其身体，给他心理上的安抚，直到幼儿慢慢睡着。最后，在幼儿入睡后，保育员还要继续关注幼儿，如果幼儿睡熟后不自觉地把手指放到嘴里吮吸，要及时把幼儿的手指从嘴里拿出并握一会儿，让幼儿慢慢适应。

2. 转移法

保育员可以和幼儿交谈、沟通，让他们说一说如果想吮吸手指而没有得到满足时的感受，并和他们一起想出解决的方法，比如和其他幼儿一起玩手指游戏、帮助老师做一些力所能及的事情等，以此来转移幼儿想吮吸手指的注意力。

3. 鼓励法

保育员看到幼儿吮吸手指时，尽量不要直接用语言提示、批评，而是用轻柔的动作制止幼儿的行为。当幼儿放下手指后，应用眼神、语言、动作给予鼓励和表扬。保育员可以和幼儿讨论并制作一个表格，用来记录幼儿每天吮吸手指的次数，当次数有所减少时，应给幼儿精神和物质上的奖励，以此激励幼儿减少吮吸手指的次数，并帮助幼儿最终改掉吮吸手指的不良习惯。

34 幼儿在教育活动中“坐不住”怎么办？

陈 熙

案例

班中教师方老师在前面给幼儿讲《三只小猪》的故事，大家都听得津津有味，只有小宝在东张西望。只见他先用小手把桌子摸了一遍，然后又蹲下身子摆弄鞋袜。保育员刘老师走上前，蹲下去仔细检查了他的鞋袜，发现并无异样，便轻轻地提醒他坐好。可还没过两分钟，小宝又要去小便。刘老师只好陪他去厕所，可他只是四处看了看，转了一圈儿就出来了。回到座位上，没听一会儿，他又开始自己玩了起来。

原因分析

1. 对授课内容不感兴趣

幼儿可能对老师所讲的故事已经非常熟悉，因此，老师讲的内容不能引起他的兴趣与注意。

2. 教养方式不当导致幼儿注意力不集中

幼儿“坐不住”可能是因为平时做事的时候经常被外界打断，所以注意力容易分散。

例如，幼儿在家正专心画画，这时成人端着水杯进来说：“宝宝，你渴不渴呀，赶紧把水喝了吧。”成人总是打断幼儿的思绪，破坏了他们的注意力。长此以往，幼儿的注意力就比较容易分散，在活动中就“坐不住”，总会因细小的事情分心。

方法措施

1. 激发兴趣

老师讲故事时可以用生动的语言，辅以形象的图片，吸引幼儿的注意力，或是在讲故事前提出问题，引导幼儿有意识地注意倾听。

2. 轻声提醒

当个别幼儿“坐不住”时，保育员可以用眼神提示幼儿要好好学习。如果幼儿仍视而不见，可以轻轻地走到幼儿身边，蹲下来轻声提醒，但要注意避免影响其他幼儿。

3. 陪同学习

如果幼儿无法独自学习，保育员可以在幼儿身旁陪同学习。比如，在老师提问时，让幼儿仔细倾听，鼓励幼儿回答问题，待幼儿渐渐融入学习氛围后，便可离开。

4. 及时肯定

根据幼儿的表现情况，保育员应及时表扬幼儿，肯定幼儿的进步。例如，刚开始幼儿或许只能静坐一分钟，当幼儿能坚持坐两分钟的时候，便予以肯定，鼓励幼儿下次坚持更长时间。

5. 家园共育

幼儿的教育要靠幼儿园老师与家长双方共同努力，要想幼儿“坐得住”，还需要家长的配合。老师可为家长提供一些提高幼儿注意力的建议。比如家长可以和幼儿玩“一分钟”游戏（比赛阅读、穿珠子），比一比在一分钟之内，谁做的事情多，以此帮助幼儿训练在短时间内保持注意力高度集中。此外，家长还可以为幼儿讲故事，让幼儿进行复述，以此练习幼儿的注意力。同时，老师还应提醒家长，当幼儿平时在家进行某项活动时，尽量不要去打扰，为幼儿创设一个良好的环境。

35 幼儿不愿意参加活动且总跟着保育员怎么办?

裴 晨

案例

刚刚入园时，雯雯很想爸爸妈妈，每天都在哭。无论老师们怎么劝，她都无动于衷，一直重复着:“我要回家，带我回家！”一天，保育员王老师看到雯雯还在哭，就蹲到她的身边劝慰她:“雯雯不哭了啊，你看老师教我们做好看的小花儿呢，多漂亮啊！雯雯也那么漂亮，再哭可就不好看了。”王老师边说边把雯雯的小手往桌子上放，想让她和别的幼儿一起做小花。可是雯雯还是把小手缩了回来，一把搂住王老师的脖子，对她说:“你别放开我的手，在这陪着我好吗？别走！”听着雯雯带着哭腔的哀求，王老师也不忍心走，就一直在雯雯身边蹲着。当活动进行到一半的时候，很多幼儿要去小便，王老师起身陪他们去厕所，雯雯哭着跑来拉住她的手大声说:“老师，你不是答应我一直在我身边待着吗？怎么走了？我要和你在一块儿。”边说还边抹眼泪。王老师说:“你看，小朋友们要小便呢，我得去帮助其他小朋友啊。我一会儿就回来，你先去和张老师做小花吧！”可雯雯还是拉着王老师的手说:“不，我要和你在一起！”就这样，雯雯成了保育员王老师的一个“小尾巴”，说什么也不愿意参加集体活动。

原因分析

1. 在陌生的环境中寻求安全感

小班幼儿刚刚进入幼儿园，会有较强烈的分离焦虑，他们因失去了在家的安全感而需要老师更多的关注，但又不会表达。而在这个陌生的环境中，第一个给予他们温暖与关怀的成人，往往会成为他们在幼儿园想依靠的对象。当老师主动关心他们、了解他们需求时，他们就会很自然地把对家人的依赖转移到老师身上，从而喜欢黏着某一位老师仍不愿参与集体活动。

2. 尚不理解集体生活的意义与快乐

以自我为中心是小班幼儿的一个特点。由于小班幼儿在家中总是一个人游戏，还不适应集体生活中的规则，更不理解集体生活的意义和快乐。因此，他们不会考虑是否要参加集体活动，只顾着做自己喜欢的事情，会游离于集体之外。

方法措施

1. 单独护理

保育员可以在班中教师组织集体活动时，将这样的幼儿叫到身边，与他们一起进行活动，安抚其因分离焦虑而产生的恐慌情绪。

2. 转移注意力

保育员可以配合班中教师利用幼儿感兴趣的事情转移其注意力。例如，在进行美术活动时，班中教师和保育员可以为幼儿准备很多漂亮的彩纸，吸引他们逐渐投入到集体活动中。

3. 逐渐离开

在幼儿逐渐融入集体活动时，保育员要及时抽身而去，但应尽量避开幼儿的视线，躲在一旁观察幼儿的行为。如果幼儿没有因为自己的离去而终止游戏，保育员就可以离开去做别的事情；如果幼儿终止了活动，并努力寻找保育员，保育员则需要及时回到幼儿身边，继续对其进行安抚，直到幼儿能够渐渐拉长与保育员分离的时间，慢慢适应集体生活。同时，班中教师应该用鼓励性的语言，引导、帮助幼儿体会集体游戏的乐趣。

36 幼儿在活动区活动时“无所事事”怎么办？

廖 欣

案例

早饭结束后，幼儿选择了各自想去的区域开始活动。童童走到美工区后坐下来，拿起一支笔漫无目的地在纸上画了两条线，又胡乱地涂了两下，然后挥着手里的纸向老师喊：“老师，我画完了！”说完，她又起身走向建筑区，看了几秒之后，又来到益智区，几个幼儿正在那儿安安静静地拼拼图。她拿起一套拼图，把上面的拼图块儿都倒了出来，然后就走开了。随后，她快速扫视了一下教室，跑进了盥洗室，但很快又冲了出来，随即跑回美工区。就这么一会儿工夫，童童在教室里跑来跑去，游走在各个活动区域之间，一副无所事事的样子。

原因分析

1. 兴趣不强，游戏目的不明确

从幼儿的活动行为分析，有些幼儿由于游戏兴趣不浓或目的不明确，没有准确的意愿，不知自己想要参与哪种活动。案例中的童童就是如此。

2. 幼儿的有效注意时间较短

案例中童童的情况也反映出幼儿存在集中注意力的时间较短、坚持力不够的问题。该问题也导致幼儿不能长时间地持续参与某项活动。

3. 活动区域设置及材料准备不到位

如果从教育角度反思，也可能是因为室内环境和区角材料过于复杂或过于简单所致。如果活动过于复杂，幼儿若学不会便会感到丧气；如果活动过于简单，幼儿又会觉得无聊；如果没有足够多的活动材料供每个幼儿使用，幼儿也会产生挫败感。

方法措施

1. 观察介入

当幼儿出现“无所事事”的情况时，保育员应及时关注幼儿的行为，在第一时间对其进行干预与引导。比如直接参与到幼儿的游戏活动中，帮助幼儿找到感兴趣的游戏，或支持幼儿参与集体游戏活动。如果个别幼儿不愿参与区域游戏活动，保育员可以在保

证其他幼儿安全的情况下，陪该幼儿一起游戏，激发幼儿对游戏的兴趣。

2. 鼓励支持

保育员可持续观察幼儿参加活动的情况，适时、适当地鼓励和表扬幼儿，进一步激发幼儿参与活动的兴趣。同时可以帮助幼儿寻找适合的玩具材料，随时判断玩具材料的数量是否够，难易程度是否合适。

3. 建议调换玩具材料

保育员可以根据自己观察到的幼儿游戏情况，适当地向班中教师提出建议，及时补充或更换玩具材料，以满足不同幼儿的需要，使每个幼儿都能有材料使用，并保持一定比例的新材料。这样幼儿就不会因为活动区材料太少或材料长时间未更新而对活动本身失去兴趣。

37 幼儿不喜欢参加晨间劳动怎么办?

魏　薇

案例

天天是个活泼好动的小男孩，他喜欢当小超人，而且一玩起来总是停不下来，但是他却不爱参加劳动。有一天，他第一个来到班里，老师让他帮忙把小椅子摆在桌子旁边。他只摆了一组就跑到拼插区玩去了。随后，其他幼儿陆续来园，很多幼儿都加入到了擦椅子的队伍中。老师也给了天天一块抹布，让他也来参与劳动。天天无奈地拿起抹布，走到自己的椅子前开始擦拭。他擦了擦椅子面，又轻轻地擦了擦椅子背。忽然，他发现抹布被抡起的瞬间很有趣，就拿起手中的抹布不停地在空中抡着，还引来几个幼儿模仿嬉闹。一时间，教室里充满了幼儿的嬉笑声。

原因分析

1. 幼儿情绪尚未稳定

幼儿早上刚来园，可能醒来时间不长，情绪还不是很稳定，这时让幼儿参加劳动，身体机能上可能会有抵触反应，从而被“拒绝”。

2. 单一动作让幼儿感到无趣

擦椅子的动作较为单一，反复的擦拭过程会让幼儿感到无趣，从而很难体验到劳动的快乐。

方法措施

1. 形式改变法

擦椅子是晨间劳动的部分内容，形式简单，动作也简单，因此，很容易使幼儿失去兴趣。老师可以采取变换形式的方法引导幼儿参与劳动。比如创编擦椅子的儿歌，引导幼儿有步骤地擦椅子；用流水作业的方法改变幼儿擦椅子的程序；以游戏的形式引导幼儿变换擦椅子的方式。

2. 建立规则法

晨间劳动与值日生一样，都是培养幼儿责任感和服务意识的教育环节。幼儿在参与劳动的过程中，会逐步培养起自己的责任意识。而且保持班级环境卫生是全班师生的共

同责任，保育员可以建立一些规则，举办一些活动，比如和幼儿一起轮流参与劳动、制作评比表、记录劳动的过程、开展相互评价活动等。这样既提高了幼儿的责任意识，也调动了幼儿参与劳动的兴趣。

3. 表扬鼓励法

保育员发现幼儿在参与劳动上有进步时，要适时给予表扬或肯定，让幼儿感受到被关注和认可。比如，当发现幼儿认真擦小椅子的时候，就应该马上称赞或表扬，让幼儿体会到自己付出劳动后有所收获的喜悦。

4. 内容宣传法

班中教师可以利用班级教室墙壁上的宣传角、故事栏和走廊上的文化栏等地方，布置、粘贴有关劳动的小故事、绘画等，鼓励、引导幼儿去阅读，在潜移默化中培养幼儿爱劳动的意识。此外，老师可以将劳动卫生的小贴示展示在宣传栏中，培养幼儿热爱劳动的意识。

38 如何指导值日生做值日？

沈艳军

案例

新学期的第一天早晨，沈老师早早做好消毒工作后，邀请最早来园的5名小朋友做值日生。沈老师向他们介绍了值日生的工作后，就让小值日生们开始做值日了。过了一会儿，当沈老师将早饭拿到班上时，发现毛毛的碗只发了一半，而昊昊却早早地在所有桌子上都放好了盘子。见此情景，沈老师提醒他们说:“小值日生要抓紧时间发餐具了！”忽然，“哐当”一声，仔细一看，是擦桌子的幼儿将桌子上的碗碰到地上了。这时，沈老师才发现，原来天天和菲菲还没有擦完桌子，其他值日生就先发了餐具。沈老师只好一边给幼儿发饭，一边指导值日生做事情，一个忙碌的早晨就这样开始了。

原因分析

1. 假期后需重新适应幼儿园生活

新学期刚开始，经过一个假期，幼儿对幼儿园的生活已经有点生疏，可能也淡忘了怎样做值日。

2. 工作布置得过于简单

老师对值日生工作职责的简单介绍，只能帮助幼儿回忆起值日生的工作内容，但并不能完全理解、记住自己具体该怎么做，如何与其他值日生配合。

3. 缺乏相互配合的意识

做值日是一个需要幼儿之间相互配合的工作。新学期刚开始，幼儿刚刚记起值日生的工作内容，注意力都集中在自己的工作上，忽略了与同伴的配合。

4. 选择做值日的时机不佳

清晨，班中教师在接待幼儿入园，无暇顾及班里的值日生工作。而保育员选择此时培养值日生做值日，在精力与时间上都比较受限制，既不能细致地指导值日生工作，又不能照顾好大部分幼儿的用餐。

方法措施

1. 选择恰当的培养时机

在园的一日三餐中，早餐在接待幼儿来园之后，保育员常常要配合班中教师带领幼儿做晨间劳动，培养值日生的精力有限。而晚餐后，幼儿要准备离园，保育员指导值日生的时间也有限。因此，比较适宜培养幼儿做值日生的时机是在午饭前，在这段时间内，保育员可以有充足的时间指导值日生。

2. 小组指导，优化培养效果

由于幼儿的发展水平存在差异，幼儿的理解能力、动手能力也各不相同，因此，在培养值日生的初期，保育员可以先培养能力较强的幼儿，再培养能力相对较弱的幼儿，分组指导，这样能增强效果，比较轻松地教会所有幼儿做值日。

3. 示范指导，儿歌辅助

幼儿 3 岁以前是以直觉行动思维为主，3~6 岁阶段，其思维是依靠感知和动作来完成的。保育员在指导值日生的时候，可以通过动作演示给幼儿做直观的示范，鼓励幼儿模仿学习。为了帮助幼儿记住做值日的顺序及要求，还可以配上简单的儿歌，帮助幼儿记住并掌握做值日的方法。

4. 同伴学习，以点带面

由于幼儿与幼儿的语言交流比老师与幼儿的交流更容易进行，因此，当第一批幼儿熟悉值日生工作后，保育员可以鼓励更多幼儿参与到值日生工作中来；还可以让之前的值日生来教新的值日生，这样既可以充分利用同伴资源，帮助幼儿巩固做值日生的方法，又可以起到以点带面的作用，使更多的幼儿学会做值日。

5. 保教结合，巩固技能

除了保育员在餐前对值日生进行指导外，班中教师也可以组织专门的教育活动。比如，让大班幼儿来中班指导值日生，或是让已学会做值日的幼儿先示范，再传授方法。通过类似的集体活动帮助幼儿明确做值日生的要求，巩固已学到的做值日的方法。

6. 游戏辅助，在锻炼中提高

在班级角色区的游戏中，保育员可以利用餐厅服务员的角色扮演活动鼓励幼儿练习按照做值日的方法给客人发餐具，以此提高幼儿做值日的能力。

39 幼儿不喜欢当值日生怎么办?

黄 姝

案例

幼儿升入中班后，老师开始带领他们开展小值日生的活动。在老师的引导下，幼儿能够自己承担值日生每天搞卫生、照顾植物角、分发餐具等工作。他们每天都按照自己选择的内容认真完成值日生的工作。可是最近一段时间，老师发现欣欣一直没有参与值日生的工作。在老师的提醒下，欣欣才极不情愿地把自己的小照片贴到了值日生一栏。但是在她应该做值日的那天，其他小朋友都跑来向老师“告状”:“老师，欣欣桌子没擦干净!”“老师，欣欣没发碗!”欣欣好像将小值日生的工作变成了自己的负担。

原因分析

1. 幼儿不喜欢重复工作

做值日需要每次都重复一些同样的内容，在经过初次接触值日生工作的“新奇”尝试后，一部分幼儿会认为值日生的工作枯燥、烦琐，因此，他们很容易把做值日当成一种负担。

2. 做值日丧失了游戏时间

幼儿为了完成值日工作，需要放弃一些游戏时间。如在餐前分发餐具时，别的幼儿可以选择一些安静的活动，小值日生则要按部就班地开展工作，其他幼儿愉快游戏的场景对幼儿产生了难以抗拒的吸引力。这也是部分幼儿不喜欢做值日生的原因之一。

方法措施

1. 有益引导与点滴关注

保育员可以同伴的身份，和幼儿一起在轻松的氛围中完成值日生工作。同时在做值日的过程中，注意观察幼儿的劳动情况，及时肯定、鼓励幼儿一点一滴的进步，让幼儿在值日生工作中体会到成功感和为他人服务的自豪感。比如在每天离园前，保育员配合班中教师引导每位值日生介绍自己一天的工作，使他们在介绍中有意识地感受到自己劳动的意义和为他人服务的快乐。

2. 让幼儿了解值日生工作的意义

保育员和班中教师引导幼儿结合生活经验一起讨论“为什么要轮流做值日生”，帮助幼儿了解建立值日生制度的必要性和意义；还可以创设“我是值日生”的主题墙，引导

幼儿自主制订值日生的劳动内容和时间。

3. 通过奖励的方式激励幼儿

班中教师可以每周五带领幼儿一起评选“最棒值日生”，并引导幼儿说一说自己的评选理由。同时对被选出的“最棒值日生”进行奖励，如将“最棒值日生”的照片和名字贴到家园宣传栏内，或奖励“最棒值日生”一份班级精心准备的小礼物，从而激发幼儿做值日生的荣誉感，培养其积极性。

40 如何指导幼儿整理被褥？

张 英

案例

幼儿起床后，冯老师看到玲玲熟练地整理好被褥，自信满满地走出睡眠室。这让她不由得想起几天前的一幕：“老师，玲玲又把被子甩到我的床上了！”随着乐乐的一声喊叫，所有幼儿的目光齐刷刷地转向玲玲。玲玲的脸羞得像个红苹果。这种情况可不止发生过一两次。每次起床后玲玲都叠不好被子，要么是同伴帮她整理好，要么是老师走过去，手把手地教她把被子叠整齐，可是玲玲就是学不会。面对自己的无能为力，以及其他幼儿失望的眼神，玲玲似乎再也不想碰那床被子了。

原因分析

1. 家长包办代替

现在大部分幼儿在家里都不愿意做事情，许多事情都由家长帮着做，因此，他们的生活自理能力较差。一方面，家长总是包办这些事情，幼儿就理所当然地认为，这些事情本来就是父母应该做的，也就不会主动整理自己的衣物和被褥。另一方面，部分家长会认为幼儿整理的衣物或被褥不够整齐，幼儿完成后自己还得再整理一遍，干脆自己直接代替幼儿来做，既省心又省事，这样也导致幼儿不会自己整理被褥。

2. 缺乏自信心

案例中的玲玲是刚刚插班到大班的，她从小由爷爷奶奶养大，生活上受到家人无微不至的照料。可这些关心有时会成为一种负担，使她做事时缺乏自信心，特别是在老师和其他幼儿面前做事特别胆怯，生怕做不好而出丑，或是受到老师的批评。因此，她就对整理被褥这件事十分抵触。

方法措施

1. 结合区域活动对幼儿加以引导

保育员可以与班中教师合作，结合区域活动对幼儿加以引导。例如，在美工区和幼儿一起练习用纸叠被子，因为纸有硬度、好操作，幼儿易于掌握。此外，还要积极引导、

及时表扬，增强幼儿的自信心。

2. 利用零散时间个别指导

在幼儿掌握用纸叠被子的方法后，保育员要抽出零散的时间，对那些叠不好被子的幼儿进行单独指导，避免他们在其他幼儿面前出丑。当幼儿有进步时，要当着其他幼儿的面鼓励他们。

3. 充分利用同伴资源

保育员可以让能叠好被子的幼儿和叠不好被子的幼儿一起整理被褥，从合作完成任务逐渐过渡到幼儿独自完成任务。

4. 与家长密切配合

保育员可以和幼儿家长沟通，让幼儿在家也能够独立整理被褥，提高自理能力。

41 如何对幼儿进行安全教育?

董淑萍

案例

每次喝水时，都会有幼儿不小心把水洒在地上，时不时引发幼儿滑倒的事件。一天喝水后，地面上又出现了湿漉漉的一片，有的幼儿小心翼翼地绕着它走，有的像没看见一样说说笑笑地走过。这时，明明一不小心滑倒在地上。王老师听到哭声后，急忙赶过来扶起他。

原因分析

1. 老师教育不到位

老师培养幼儿常规喝水的习惯不到位或不够细致，忽视了水洒到地上会造成地面湿滑，存在一定的安全隐患。

2. 幼儿的身体发育尚不完善

幼儿的身体正处在发育中，身体的协调性和动作的灵活性都有待提高，对动作的控制能力还不够强，因此倒水、喝水时容易将水洒到外面。

3. 缺乏安全意识与处理危机的经验

幼儿大多数时间生活在成人的保护下，缺乏安全意识，对判断什么是以及如何处理危险的事情没有相关经验。

方法措施

1. 集中教育，问题引导

如果老师只是进行集中教育，反复强调这样做会存在危险，难免使幼儿知其然而不知其所以然。因此，保育员还应该配合班中教师，用问题引导幼儿集体讨论，让他们自己寻找解决问题的方法，并在实践中加以运用。

2. 随机教育，及时提醒

安全教育不仅要在集体活动中集中开展，还应渗透于日常生活中的方方面面。保育员要随时关注和照顾幼儿，注意细心观察并及时发现问题，发现问题后采取措施，把危险控制到最低限度。还要注意，在照顾好幼儿的同时，引导幼儿逐步学会自我保护，学会将平时所学的安全知识运用到实践中。

3. 运用“危险后果”教育法

保育员和班中教师都应适时地将“危险后果”告诉幼儿，通过多种手段和途径教育幼儿，让幼儿从不同角度了解事物的本质。例如，可结合幼儿在活动中出现的问题，让幼儿回忆以往发生过的危险情况，如被地上的水弄得险些滑倒的经历。当然，让幼儿了解的危险后果应有所选择，并注意适可而止，不能吓唬幼儿，以免对他们造成负面影响。

4. 让幼儿学会自我保护

保育员还可以配合班中教师，通过多种途径增强幼儿的自我保护意识，提高他们的自我保护能力。如引导幼儿知道，在摔倒时要用手撑一下地，这样，受到的伤害就会小些。另外，除了让幼儿了解一些必要的安全知识，还可以在安全的情况下引导他们进行一些“实战训练”。例如，在幼儿了解火的用途和危害后，可以开展一些自救演习，如学习拨打 119、学习简单的应急措施（用床单塞门缝、用湿毛巾捂嘴巴）等。

42 幼儿洗手时如何进行节水教育？

沈艳军

案例

户外活动结束后，幼儿陆续进屋洗手。这时，杨老师发现洋洋在抹肥皂时一直开着水龙头，便提醒道："洋洋，抹肥皂时，记得把水龙头关上。"洋洋听到老师叫自己，便抬头看着老师，而此时水龙头依旧哗哗地流着水。老师只好又重复一遍："洋洋，不用水时，先把水关上。"洋洋搓了搓满是肥皂泡的手，说："我还要用水冲手呢。"说完，手向前一伸，开始冲洗小手，直到冲洗干净，他才关上水龙头。

原因分析

1. 思维水平有限，不能同时关注多件事情

幼儿在洗手时，只关注涂抹肥皂，而忽视了被打开的水龙头。这可能是由于幼儿思维水平有限所致，因为他们还不能同时关注多件事情。当他们的注意力集中于将手洗干净时，其明确的目的意识使幼儿忽略了对节约使用水资源的关注。

2. 缺乏节水意识

出现案例中情况的另一个原因有可能是由于幼儿缺乏节约用水意识。幼儿没有意识

到，在抹肥皂时不关水龙头会造成水资源的浪费。

3. 教育不当

案例中，保育员使用语言提示幼儿关水龙头，幼儿却没有马上做出回应。这有可能是老师采用的口头提示并不适当，幼儿听后不能立即理解老师的用意，致使幼儿产生困

惑，从而没有马上停止浪费水的行为。还有可能是因为幼儿认为老师的要求阻碍了自己洗手的行为，因此，幼儿并没有马上关闭水龙头。

方法措施

1. 情景回顾，激发节水意识

当发现幼儿浪费水时，保育员可以找一些小朋友不关水龙头的情景视频，播放给幼儿看，或者将类似事件说给他们听，鼓励大家发现其中的问题，引导幼儿明白，不关水龙头会造成水资源的浪费。同时，可以通过多种途径帮助幼儿了解现在国家水资源紧缺的实情，培养幼儿节水意识。

2. 语言生动，制止浪费行为

幼儿尚处于具体形象思维阶段，在他们浪费水时，保育员可以使用“水龙头一直在哭泣，快别让它哭了”等生动的语言提示幼儿。通过让幼儿理解需要及时关水龙头的原因来帮助幼儿改善行为。

3. 保教结合，培养节水行为

保育员与班中教师相互配合，组织幼儿开展关于节约用水的集体教育活动，帮助幼儿了解节约用水的必要性和日常生活中节约用水的方法。保育员可以在日常生活中及时肯定幼儿的节水行为，增强幼儿节约用水的意识。

4. 创编歌谣，鼓励幼儿节约用水

保育员可以与幼儿共同总结生活中节约用水的方法，一起将这些方法创编成歌谣，并鼓励幼儿传唱，帮助幼儿进一步明确、掌握节约用水的方法。

5. 在实践中与幼儿共同节约用水

在日常生活中，保育员可以将幼儿洗手的水、消毒完桌子的水等收集起来冲厕所。在老师身体力行节约用水的榜样作用下，幼儿通过耳濡目染，也会自觉参与到节约用水的行动中来。这样不仅能增强幼儿的节水意识，还能促使幼儿将节水行为具体落实到日常活动中。

43 刚入园的幼儿爱哭闹怎么办？

明　明

案例

帅帅刚来园时，一到班级门口就大哭大闹，还到处乱跑，不肯进班。范老师想把他抱进来，但他用力反抗，连自己的鞋都甩出去了。范老师费了九牛二虎之力，帮他把鞋穿好。谁知他一转身，就把在家里吃的早点吐得满身都是。范老师顺势把他领进班里，给他换上干净的衣服。可他的哭声一直没有停止，小手紧紧地拉着老师的手，不肯让老师离开，嘴里还不停地念叨："妈妈呢？你去帮我找妈妈！我的好妈妈快来呀！"

原因分析

1. 对新环境感觉陌生而产生恐惧心理

对于刚入园的幼儿来说，幼儿园里的一切都是陌生的。他们刚刚离开父母和熟悉的家，会因为缺乏安全感，而变得无所适从。因此，他们可能会因为幼儿园的作息时间与家里的不同或不会与老师和其他幼儿交流而哭闹不止。

2. 不善于表达内心的感受

当幼儿缺乏安全感却又不善于用语言表达自己的内心感受时，他们只好选择用哭闹来宣泄自己的不满。

方法措施

1. 转移注意力

保育员可以利用玩有趣的玩具、大型运动器械或让他们观看哥哥姐姐们做游戏等方式，转移他们的注意力，帮助幼儿缓解焦虑情绪。

2. 用丰富有趣的活动吸引

保育员可以引导幼儿找哥哥姐姐陪着做游戏，或用丰富、有趣的活动吸引幼儿，在一定程度上帮助幼儿缓解分离焦虑。

3. 布置好环境

保育员可以根据幼儿的年龄特点、兴趣爱好，为幼儿创设色彩鲜艳、形象生动的主题环境。幼儿或许会被环境所吸引，从而逐渐喜欢上幼儿园。

4. 注意个体差异

幼儿的适应能力因人而异，哭闹的原因也各有不同。有的幼儿因为想妈妈，所以哭闹不止。保育员可以像妈妈一样，摸一摸、抱一抱、拍一拍、哄一哄他们，用身体接触的方法，稳定幼儿的情绪。还有一些幼儿仅仅是用哭闹宣泄自己的情绪，保育员要允许、满足他们，不能强行阻止他们哭闹。总之，保育员要根据不同原因，寻找恰当的方法帮助幼儿缓解烦躁不安的情绪。

5. 个别关注

保育员要细心观察幼儿，耐心细致地帮助那些自理能力较弱的幼儿。如有些幼儿新入园不能独立进餐，保育员可以给予适当的帮助，缓解他们的焦虑情绪。

6. 处理好师生关系

保育员可以呼唤幼儿的乳名，也可以称赞幼儿在穿着、行为等方面的变化，以此增进彼此间的感情。

7. 请家长配合

对于家长来说，将自己捧在手心里的小宝贝单独放到幼儿园，难免会担心，因此，老师要主动与家长沟通，及时反馈幼儿在园的各种进步，争取得到家长的理解与支持。也可以通过家访，让家长了解幼儿初入园的哭闹现象是正常的，鼓励家长积极配合班级工作，坚持送幼儿来园，使他们尽快适应幼儿园的集体生活。

44 幼儿把香皂抹在镜子上怎么办？

沈艳军

案例

午餐时，先吃完西瓜的幼儿陆续到盥洗室洗手。这时，在盥洗室门口，付老师看到壮壮正拿着手里的香皂往镜子上擦拭。接下来，他又往镜子上撩水，然后又把香皂涂抹在镜子上。付老师正准备出声制止，就听到在壮壮旁边洗手的羊羊问："壮壮，你为什么往镜子上抹香皂呀？""我洗一洗镜子啊。"壮壮边说边继续给镜子"打香皂"，然后还用双手接了些水，泼在镜子上。看着原本干净的镜子就这样花了，付老师赶紧上前说："别弄了，赶快洗手，老师要讲故事啦！"在幼儿离开后，付老师用工具将镜子仔细地擦了一遍，才让镜子恢复了光亮。

原因分析

1. 幼儿好奇心重

喜欢玩水是幼儿的天性，平时他们洗手时也总是喜欢在盥洗室里多待一会儿。在了解香皂可以把手洗干净的事实后，幼儿在好奇心的驱使下，开始探索香皂是否可以让镜子变干净，于是案例中的壮壮就有了将香皂涂抹在镜子上的行为。

2. 老师的教育方法治标不治本

保育员在发现幼儿将香皂抹在镜子上后，并没有马上制止幼儿，而是先听完幼儿的对话，这说明老师还是尊重幼儿的。但付老师由于缺少经验，没有很好地抓住这个教育契机，只关注了事件本身，急于解决问题而没有思考更适当的处理方法。以快要开始讲故事为理由、简单制止幼儿的方法，不仅很难杜绝幼儿把香皂抹在镜子上的行为，还增加了自身的工作量，治标不治本。

方法措施

1. 师生共同探索，满足幼儿的好奇心

幼儿此类行为大多是在好奇心的驱使下产生的。与其每次都出言制止幼儿，还不如和幼儿一起探索，满足他们的好奇心和求知欲。保育员可以在幼儿给镜子涂抹香皂的时候，耐心询问幼儿的想法，和幼儿一起寻找让镜子变干净的方法。这样，不仅可以使幼

儿了解往镜子上抹香皂不能使它变清洁，还可以利用幼儿的兴趣点激发他们的探索欲望，没准还能培养出一些帮保育员清洁镜子的小助手呢。

2. 保教合一，巧妙利用晨间劳动

幼儿园的晨间劳动是引导幼儿体验劳动、珍惜劳动成果的重要契机。保育员在指导晨间劳动时，可以鼓励幼儿用多种有效的方法清洁镜子，让幼儿通过自己的努力获得整洁的环境，同时还能培养他们珍惜劳动成果、注意班级卫生的意识。

3. 选好清洁时间，不做无用功

为了减少重复工作并保持班级卫生，保育员应该避免在幼儿集中洗手前清洁镜面，以防幼儿洗手时又弄脏镜面。

45 幼儿“破坏”自然角的植物怎么办?

戴晓萱

案例

桐桐是个活泼好动的孩子，总是坐不住，有时还会来点“小插曲”。这不，一转眼的工夫，老师没注意到，他就把班上刚刚买来的五六棵盆栽小绿植的尖儿全给拔掉并且吃进了肚子里。王老师知道后，既着急又生气，赶紧把他带到医务室。得知桐桐并无大碍后，王老师的心才放下来。尽管没有出什么大事，但王老师开始思考：自然角的植物到底应该摆在多高的位置合适呢？植物放得太高，幼儿看不到，不利于他们观察；放得太低，又容易被“破坏”。

原因分析

1. 自然角的管理相对松懈，容易被老师忽视

自然角是常态开放的，也是幼儿自由活动的场所，幼儿可以自行出入、自主参与活动。同时，自然角也是老师不太关注的地方。因此，自然角的植物如果出现被损坏的情况，也不容易被老师发现。

2. 幼儿因人际交往能力弱，感到孤独，渴望被关注

案例中的桐桐是个活泼好动的幼儿，但有时会被老师批评和指责，也不受其他幼儿欢迎，由于他不善于交流，参与其他区域活动时也不太受欢迎。因此，他“喜欢”独自在自然角寻找自己的活动空间。他将植物的尖儿拔掉并吞食，或许是想通过该举动得到老师和同伴的关注，还有可能是因为身体健康状况出现了轻微的问题，等等。

3. 因幼儿过于喜爱而造成的无心伤害

一些幼儿由于特别喜欢某种植物，会用手去触摸，结果却对植物造成了伤害。其实，这是幼儿无心所致。

方法措施

1. 认真观察

自然角是幼儿可以随时“光顾”的场所，这就要求保育员要仔细观察、掌握幼儿在自然角活动的规律。比如，可以记录幼儿集中观察与零散观察自然角的时间段，了解掌握哪些幼儿是真喜欢植物、对自然角感兴趣，哪些幼儿只是把它们当作消遣的对象。

2. 合理摆放植物

保育员可以与班中教师一同商量，从教育目标、观察重点和幼儿的喜好出发，合理安排不同植物的摆放位置。特别是那些幼儿高度关注或新投放的品种，要摆在幼儿容易看到的地方。同时，要经常观察幼儿的举动，避免出现损坏植物的现象。

3. 建立制度

不以规矩，不能成方圆。尽管自然角是开放的，是幼儿可以随时“光顾”的场所，但老师也要让幼儿知道，照顾、关心植物是全班师生共同的职责，要注意培养幼儿的责任意识。因此，应该建立一些制度。比如，何时给植物浇水，浇多少水；观看植物时应该注意什么，等等。在建立制度后，还要引导幼儿认真执行，减少他们对植物的伤害。

46 幼儿在厕所玩耍不愿意出来怎么办？

陈 熙

案例

幼儿如厕后都陆续回到了教室，准备参加教育活动，却迟迟不见佳佳的身影。保育员到厕所一看，佳佳正一遍一遍地按男孩子小便池上的冲水按钮，甚至还想用手去摸小便池里的水。

原因分析

1. 厕所里老师监督较少，管制相对宽松

幼儿在活动室活动，往往会被常规要求“约束”；而厕所是一个相对比较宽松的地方，有时还可能不在老师的视线范围内，幼儿可以在其中自由交谈、随意活动。因此，部分幼儿很喜欢待在厕所里。

2. 能够满足幼儿的探索欲望和好奇心

厕所也是幼儿探索、学习、游戏的地方。部分幼儿对男孩与女孩的不同、水流的声音等充满好奇和兴趣。因此，他们会在宽松的厕所环境中尽情探索。

3. 厕所是一个逃避场所

厕所就像一个“避风港”，是逃避的好去处。有时候，幼儿不想进行下一个活动，或者是对下一个活动没有兴趣，他们会觉得在厕所里“磨蹭”一会儿也是个不错的选择。

方法措施

1. 了解需求

当班中教师带领绝大多数幼儿进行活动而无暇顾及个别幼儿的情况时，保育员要负起这个责任，留意那些“个别”幼儿，密切关注他们的行为，了解他们的需求。

2. 对症下药

在了解幼儿的需求后，便可“对症下药”。如果了解到幼儿对厕所中的某些事物感兴趣，保育员可以及时反馈给班中教师，以便在教学活动中结合幼儿的兴趣点进行教育。

如果班中很多幼儿对水感兴趣，班中教师可以开展关于水的活动，还可以在科学区做一些与水有关的小实验。这样既解决了幼儿在厕所中不出来的问题，又调动了幼儿学习水知识的主动性，满足了幼儿的需求。

如果幼儿喜欢厕所的私密性，保育员可以与班中教师沟通，建议班中教师增加幼儿自主活动的时间，让幼儿之间的交谈时间更多，就不用在厕所里“秘密谈话”。保育员还可以配合班中教师为幼儿增设“悄悄告诉你”聊天室，让他们在想说话时能有地方说。

3. 兴趣吸引

保育员要提前了解班中教师每个环节的活动是什么。当幼儿出现游离状况时，可以向幼儿介绍下一环节的活动内容，增加他们对活动的期待，减少对厕所的“留恋”。

在幼儿集体如厕时，保育员可以提示幼儿接下来要做什么，让幼儿知道如厕后有事情可做，并且是他们喜欢的事情，如丰富多彩的过渡环节的玩玩具、听歌曲等，让幼儿在如厕后能自由选择。这样既节省了幼儿如厕的时间，又充分利用了幼儿等待如厕的时间。

47 幼儿随地扔垃圾怎么办？

陈 熙

案例

活动区的游戏开始了，点点选择在美工区制作贺卡。只见她一边剪剪、画画，一边往地上扔废纸。一会儿，地上已经满是她剪的碎纸了。老师走过去，轻轻提示她："点点，桌上有个小垃圾筐，你可以将剪下的碎纸扔进垃圾筐里。"可点点没有理会，还是顺手将桌上的碎纸扔到了地上。

原因分析

1. 模仿成人

幼儿是天生的模仿者，他们看到什么就会模仿什么。案例中，点点之所以会乱扔垃圾，将碎纸往地上扔，可能是在模仿成人的做法。例如，成人有时在清洁桌面时，会把桌上的垃圾先擦到地上，然后再统一清扫地面。可这个做法被幼儿看到了，就会被认为把桌面上的垃圾扔到地上就可以，而忽略了之后还有扫地清理的环节。

2. 形成了习惯

不论是好习惯还是坏习惯，都是幼儿通过不断重复同一行为而养成的。可能在平时的生活中，幼儿第一次出现乱扔垃圾的现象时，成人没有看见或是看见了也没在意，幼儿也就不知道这是错的，结果一而再，再而三，便养成了这种习惯。

方法措施

1. 正确示范

班中所有老师都应该为幼儿做出正确的示范。当桌面不干净时，应先用擦桌布把垃圾擦到垃圾桶里，然后再清理不小心掉到地上的垃圾，以免幼儿产生误解。

2. 及时引导

幼儿乱扔垃圾时，老师一定要及时关注并制止，同时给予正确引导，让幼儿将垃圾扔进垃圾桶，并帮助幼儿理解乱扔垃圾是不对的。

3. 开展教育活动

保育员可以配合班中教师开展“珍惜别人劳动成果”的活动。例如，由班中教师带领幼儿观察保育员的工作，以此引导幼儿尊重别人的劳动，共同维护环境卫生。此外，还可以多开展一些保护地球等环保教育活动。

4. 材料支持

保育员可以将垃圾桶做成可爱的形状，如狮子的大嘴巴等卡通形象，以此激发幼儿扔垃圾的兴趣。同时还可以设计故事情境，跟幼儿讲这是一只专“吃”垃圾的环保大狮子，当幼儿把垃圾“喂”到它的“嘴”里时，它会非常高兴，如此引导幼儿将垃圾扔进垃圾桶。长此以往，幼儿就会养成良好的卫生习惯。

48 幼儿在喝水或如厕时发生争抢怎么办？

马　莉

案例

下午户外活动后，曹老师提醒幼儿先去小便、洗手、喝水，再回到座位上。只见他们一窝蜂地扎进厕所，虽然大多数幼儿知道要排队等候、慢慢来，但由于小马桶和洗手池的数量有限，一部分幼儿开始表现出不耐烦。有的催促着正在进行中的幼儿，有的开始推推搡搡地打闹起来。起初还像是闹着玩，但没过多久，一些幼儿开始出现不遵守规则、抢先插队的现象，还为此与其他幼儿争执起来。

曹老师听到吵闹声，赶紧跑了过去。在她试图解决幼儿争抢如厕问题的同时，室外两个幼儿因为都想先接水喝而产生了矛盾。两个幼儿守着一个饮水龙头，谁都不肯让步，最后，两人都没喝上水，还洒了彼此一身水。

原因分析

1. 自控能力较弱

幼儿户外活动回来后，老师提示幼儿喝水、如厕，但由于幼儿的人数远远多于饮水机、洗手池等用具数量，往往会出现排队现象。加上幼儿年龄尚小，尽管他们知道要遵守规则，但等待时间一长，因为自控能力较弱，就会出现不愿意排队、开始插队等行为表现。矛盾一旦激发，就会发生争抢。

2. 不懂谦让，动作先于语言

如今，很多幼儿是独生子女，在家里总被家人迁就，事事如意，不懂得如何谦让。而在幼儿园大家都是平等的，部分幼儿遇到不被迁就时难免会出现情绪上的波动与不理解。而且遇到问题时，因为幼儿的语言能力发展不足，往往动作先于语言，导致争抢“事件”的发生。

方法措施

1. 稳定情绪

在不干涉幼儿自主活动的情况下，老师可以提一些要求，做一些调整。例如，对于小班的幼儿，可以采用游戏的方式减少幼儿的等待时间。在户外活动时，幼儿容易产生兴奋情绪，他们不能够一下子平静下来，在这种情况下，保育员可以提示班中教师先带

领幼儿在室内做一些安静的游戏，如玩手指摇等。

2. 分组进入

保育员可以在桌子上贴上不同水果的标签，请结束活动回到教室后的幼儿自己选择坐在哪个组里，但要根据自己所坐的组去找相应的饮水机和洗手池。例如，坐在苹果组的幼儿应该去喝“苹果汁”，洗手的时候要去“苹果妈妈”下面洗。同时还有白开水组，要让幼儿知道白开水是最好的饮用水，每天每个幼儿都要坐一次白开水组进行体验。对于男女比例悬殊较大的班级，还可以采用以下方法：如果班上的女生较少，可以让女生先去，让男生观察女生的动作是否轻、声音是否小，看看哪几个男生也能做到动作轻、声音小，反之亦然。

3. 随时提醒

在幼儿如厕、喝水的时候，保育员应该站在一个合理的位置，既能看到厕所内的幼儿，又能看到饮水机前的幼儿，同时还可以提醒幼儿一些注意事项，如看看谁是会排队的好宝宝等。保育员应注意多用语言正面鼓励幼儿，避免幼儿发生争抢。

49 幼儿毛巾的数量和水杯的数量不相符怎么办?

梁　晶

案例

每天早上幼儿来园后，黄老师都会站在盥洗室门口引导他们洗手、拿毛巾擦手、挂毛巾、漱口、放水杯。这一系列流程，老师会天天强调，目的是提醒幼儿别忘了挂毛巾、放水杯，以免影响一天的使用。这天早上，幼儿都开始安静地进餐了，黄老师开始查看他们毛巾、水杯的放置情况，结果发现毛巾的数量与水杯的数量不相符，经查找，原来是洋洋、卡卡、溪宝又忘记放水杯了。

原因分析

1. 幼儿的注意力不集中

幼儿的注意力不能长时间集中，很容易被新鲜的事物吸引。他们在刚进入班里的时候，会因班里的新环境、新玩具，或者是急于和老师、其他幼儿分享新鲜事物而分散了注意力。尽管有老师在一旁提醒，可他们还是有可能忘记放水杯、挂毛巾。

2. 老师的检查力度不够

老师平时的检查力度不够，给了幼儿“钻空子”的机会。早晨，幼儿来园时，老师既要照顾幼儿又要接待家长，当幼儿被别的事物吸引，忘记挂毛巾、放水杯的时候，老师没能及时提醒幼儿，因此，错失了培养他们养成好习惯的时机。

方法措施

1. 积极鼓励法

要想培养幼儿养成良好的习惯，就要先激发幼儿的兴趣，因为兴趣是幼儿最好的“老师”。保育员可以跟幼儿提出要求，让他们把放水杯、挂毛巾当成一个小任务来完成。如果幼儿连续一周都能完成任务，就可以得到一个小奖励——一张小贴画或一个拥抱；坚持两周完成任务的幼儿会有更棒的奖励；坚持一个月的幼儿可以被评为班级小榜样。

2. 消极延迟法

当某些幼儿经常忘记挂毛巾、放水杯时，老师可以不直接提醒，而是注意观察幼儿的行为，当幼儿再次洗手或者喝水时，会自己发现忘记了挂毛巾、放水杯，接下来会自

己想办法解决问题。当然，幼儿也可能会在第一时间寻求老师的帮助，甚至还有可能会乱拿别人的毛巾或杯子，造成不良后果。因此，为了避免幼儿拿其他幼儿的杯子与毛巾，老师要细心观察，当察觉幼儿出现错误做法时，要及时出现并进行正面教育，使幼儿懂得挂毛巾、放水杯的重要性，从而巩固幼儿自己挂毛巾、放水杯的意识。

3. 轮流检查法

保育员可以充分利用同伴资源，让幼儿协助老师完成提醒任务，如建立“小班长”机制。幼儿虽然小，但在他们的潜意识里也认为班长就是榜样，班长的话他们也愿意听。因此，可以让班长约束管理幼儿。在实践开始时，可以先让那些已形成及时挂毛巾、放水杯习惯的幼儿做班长，起到模范榜样作用；随着班长机制的逐步完善，可以让那些没有形成习惯的幼儿当班长，起到督促自身行为的作用。轮流做班长，不仅能满足幼儿当“小班长”的心理，同时也有助于他们养成良好的习惯。

4. 环境提示法

环境是幼儿园教育中的一位隐形“老师”，用环境来提示、帮助幼儿，可以起到事半功倍的效果。例如，保育员可在盥洗室创设功能墙饰，提示幼儿在进入活动室前检查自己是否挂好毛巾、放好水杯。幼儿通过与环境互动，进行自我检查，这样既能激发幼儿的主动性，也能减少老师枯燥的说教。

50 幼儿离园时总落东西怎么办？

张　倩

案例

晚饭结束后，幼儿都在整理自己的物品，他们将自己的“作品”或拿在手里或放进包里，只有来福手里什么也没有。“来福，你今天没有背书包来幼儿园吗？”老师问他。“呀！我忘了！”说完，来福赶紧跑到自己的小柜子那去取东西。一会幼儿都出门排队了，老师看到一顶帽子还安安静静地“躺”在桌子上，走近一看，原是来福的，于是赶紧给他送了出去。可以说，大到衣服、书包，小到作品、纸张，来福总会落点儿东西在幼儿园。有时候老师没顾上提醒，就会看到他离园后又跑回幼儿园取东西。

原因分析

1. 注意力不够集中

幼儿的注意力有时不够集中，在整理物品时，很容易忽略一些小东西。同时，他们在记忆自己的物品时也不够全面，经常会出现落下一两件物品的情况。

2. 急切地想回家

在离园环节，幼儿往往会表现出急切地想回家，他们盼望早点儿看见家人。受着急情绪的影响，他们总是加快整理物品的速度，从而容易忽略或遗漏一些物品。

3. 缺乏自我管理意识

幼儿的年龄小，他们的责任意识、自我管理意识不强，对于物品中哪些是重要的、哪些不那么重要，没有明确的认识，因此，容易造成他们在整理自己的物品时，总会丢三落四，忘记一些比较重要的东西。

4. 缺乏自我管理能力的锻炼机会

在家里，家长将幼儿的生活照顾得过于细致，剥夺了幼儿锻炼自我管理能力的机会，造成他们欠缺基本的生活经验和责任意识，因此，幼儿往往只关注自己想做的事情而忽略了自己需要做的事情。

方法措施

1. 环境影响

保育员可以通过环境创设，引导幼儿去关注一件事情。比如，将幼儿经常带的物品做成小贴画标记，早晨幼儿来园时，将物品的相应标记发给幼儿，或是帮幼儿贴在他们经常能看到的地方，如幼儿自己的水杯格子里、毛巾挂钩旁。幼儿吃完晚饭、漱口擦嘴时，自然就能看到标记，这样就可以想起自己的物品了。也可以在活动室门口设计一个常规墙面，比如画上一个小书包的图案，写上“请带我走哟！”的文字，提示幼儿在离园时带走自己的物品。

2. 适时提醒与及时鼓励

在离园环节，保育员要提醒幼儿检查自己存放在柜子中的物品是否带全了，在幼儿排队的时候，保育员要让幼儿自己检查是否有东西落在桌子或者椅子上。如果幼儿做到了不落东西，要及时奖励或鼓励，可以奖励一个小贴画，也可以是一个拥抱。

3. 家园共育

家长的支持与幼儿的配合是很重要的。保育员要做好家长的工作，充分发挥家长的教育资源，让家长鼓励幼儿去改正一些小问题。比如，可以请家长在早上送幼儿来园时，与幼儿一同细数当天都带了哪些物品，有哪些物品在离园时要带回家（如书包、帽子、老师发的东西等），哪些是可以不用带回家的（如换洗衣物等），使幼儿在离园时能够有目的地检查自己的物品，不忘记携带应带的物品回家。

51 幼儿丢失物品怎么办?

张 倩

案例

有一段时间,《巴拉拉小魔仙》成了女孩子们最喜欢、讨论最多的电视剧,部分幼儿开始陆陆续续往幼儿园带“小魔仙”的各种玩具。一天,明明带来了一块魔仙手表,在过渡环节,她找到琳琳一起玩了起来。可在午睡环节,明明突然跑到保育员赵老师面前说:“老师,我的手表不见了。”说完便着急地哭了起来。

原因分析

1. 自我管理意识较弱

因为幼儿年龄尚小,缺乏自我管理意识,所以,当发现幼儿的东西找不到时,很有可能东西不是丢失了,而是他们自己忘记将其放在什么位置了。

2. 自我控制能力较弱

幼儿的东西找不到了,也有可能是真的被其他幼儿“拿走”了。个别幼儿虽然知道“别人的东西不能拿”,但由于新奇的玩具对他们产生了强烈的刺激与吸引力,再加上自我控制能力较弱,个别幼儿偶尔会控制不好自己的行为,于是出现了“拿”别人东西的情况。

方法措施

1. 帮助寻找

保育员要先稳定丢失物品的幼儿的情绪，然后和幼儿一起边寻找、边回忆在什么地方玩过玩具、和谁一起玩的，帮助幼儿逐步回想起放玩具的地方。如果是因为幼儿自己忘记将玩具放在某个地方了，则要提醒幼儿，玩完玩具后要放回自己的用品柜，从而培养他们良好的生活习惯。如果是因为其他幼儿把玩具“拿”走了，则要注意保护“拿”别人玩具的幼儿的自尊心，以适宜的方式教育幼儿，引导他们在不被别人发觉的情况下自觉归还玩具。

2. 交换玩具玩

有的幼儿喜欢同伴的玩具，有的幼儿喜欢幼儿园的玩具，之所以喜欢，是因为他们家中没有这类玩具，因此，这些新奇的玩具总能吸引他们。针对这种情况，保育员可以

采取交换玩玩具的方式来满足幼儿的好奇心。例如，保育员可以配合班中教师开展“班级玩具交换日”的活动。比如每周规定一天为“玩具交换日”，让幼儿把自己的玩具分享给其他幼儿。在这一天，幼儿可以将同伴的玩具或是幼儿园的玩具带回家玩一天，但他们会被要求妥善保管玩具，第二天一定要完整归还。这样既能让幼儿玩到心爱的玩具，又可以让他们学会分享，同时还能培养幼儿的责任意识。

52 遇到不尊重自己的幼儿怎么办?

尹 溪

案例

天天是一个个性活泼，也很有主见的幼儿，很多时候他都是“孩子王”。最近，班里来了一位年轻漂亮的许老师，其他幼儿都很喜欢跟她亲近，只有天天似乎不怎么爱戴这位老师，而且，还总是说一些不礼貌的话故意气她。一天早上做操时，天天又带头围着操场奔跑。许老师想拉住他，让他赶快排好队、准备做操。可天天不仅没有照做，还冲着她做起鬼脸来，他一边跑一边说:“你来抓我呀，你来抓我呀，笨蛋！”许老师绕着操场跑了好几圈也没有抓住他，天天更是得意。他的行为还引来班里其他幼儿的大笑。

原因分析

1. 幼儿缺少信任，老师缺乏经验

大班幼儿已经具有一定的是非判断能力，也能从不同方面表现出自己的喜好。案例中的天天性格开朗，有自己的主见，他对新老师表现出不尊重的态度，反映出他对新老师的不认可。一方面，因为这位老师是新来的，又很年轻，所以，幼儿对她缺乏信任。另一方面，年轻老师经验不足，不知如何应对有个性差异的幼儿，因而难以让幼儿信服。

2. 幼儿好胜心强，希望被人关注

案例中的天天是个好胜心很强的幼儿。他喜欢捉弄新老师，也有可能是想以此来表现自己的强大与能力。其实，他的这种行为是为了吸引老师及其他幼儿的关注，满足自己的好胜心。

3. 家庭对幼儿管教不严

案例中的情况也可以反映出一些家庭环境因素对幼儿的影响。案例中的天天有可能因家教不严，在家里，全家人都对他言听计从，对他的行为没有约束，或许当他说出一些不尊敬长辈的话时，也没有人对他的行为进行及时纠正，反而觉得很好玩，从而使他失去了判断对错的机会，造成他有不尊重他人的行为表现。

方法措施

1. 榜样树立法

良好的环境对幼儿的健康成长起着非常重要的作用，给幼儿树立榜样是引导幼儿最直接、最有效的方式。作为初入职的保育员，更应该规范自己的言行，为幼儿树立尊重他人的榜样。班中教师也应当在日常工作中多引导幼儿关心、尊重保育员，多体谅保育员的辛苦，促使幼儿发自内心地尊重保育员。

2. 换位思考法

当出现像案例中这样的现象时，保育员可以单独和这个幼儿谈一谈，引导幼儿换位思考，体会自己不被尊重时的感受，告诉幼儿，老师更喜欢有礼貌、守规矩的小朋友，让幼儿知道尊重别人的重要性。

3. 故事引导法

保育员可以通过讲故事的方式，让幼儿知道懂礼貌的重要性，让幼儿明白尊重他人是一种美德；还可以通过挑选、调整故事内容教幼儿掌握一些尊重他人的方法，引导他们留意保育员老师的工作，知道保育员老师的辛苦，学会感恩。

4. 家庭强化法

保育员也可以联系幼儿家长，婉转地向家长说明情况并取得家长的支持，请家长配合幼儿园的工作，一方面，教导幼儿尊重老师；另一方面，引导幼儿了解、体会家长的辛苦，懂得尊重家长、孝敬长辈，并能在家庭成员之间营造一种互敬互爱的氛围，为幼儿树立良好的榜样。

53 如何培养幼儿的用眼卫生习惯？

李 然

案例

一天早上，杨老师像往常一样，伴随着欢快的晨间音乐，高兴地迎接每一个幼儿的到来。看到宝宝来了，杨老师上前跟宝宝打招呼。可宝宝的小帽子把他的整个小脸都挡住了。杨老师帮他摘下小帽子，却看到宝宝的眼睛红红的。这时，旁边的欢欢也看到了，便奇怪地问：“宝宝，你的眼睛怎么和小兔子一样红红的呢？”听到这话，更多的幼儿围了上来，都对宝宝的红眼睛很好奇。老师蹲下来仔细观察。看样子，宝宝的眼睛像是生病了。于是，杨老师找到宝宝妈妈，说明了原因，建议她带宝宝去医院检查。回到班里，幼儿的话题依然围绕着宝宝的红眼睛。“老师，宝宝的眼睛生病了，是进脏东西了吧？”“老师，宝宝平时游戏后总不好好洗手，一定是细菌进到眼睛里了。”孩子们你一言、我一语地议论着。

原因分析

1. 年龄尚小，抵抗力较弱

幼儿年龄小，抵抗力弱，很容易因为不讲卫生等原因导致眼部疾病。

2. 好奇心强，容易接触细菌

幼儿对生活中的事物有着浓厚的好奇心，他们还特别喜欢用小手去感知物体，因此，在认知世界的同时，他们的小手也更容易触摸到细菌。当眼睛不适时，如果幼儿还没洗手便去揉眼睛，很容易引发眼病。

方法措施

1. 日常培养

保育员可以通过教幼儿唱有针对性的儿歌，来培养幼儿养成良好的卫生习惯，比如唱与饭前便后要洗手、正确的洗手方法等相关的儿歌。保育员也可以配合班中教师开展“我是护眼小卫士”的活动，定期进行有针对性的护眼教育活动，让幼儿了解更多的护眼知识。此外，还可以组织幼儿体验“盲人摸象”的游戏，让幼儿感受光明的重要性，以此来培养幼儿保护眼睛的意识。

2. 故事引导

针对个别幼儿，保育员可以通过讲故事的方法，让他们知道眼睛的重要性，并教给他们一些保护眼睛的方法，例如不要用脏手揉眼睛，不要用玩具等硬物触碰眼睛等。

3. 医教结合

保育员还可以联合保健医开展专门的健康教育活动。比如定期提醒幼儿剪指甲，告诉幼儿指甲长了容易藏污纳垢，若用带有细菌的手揉眼睛容易使细菌进入眼睛。通过类似的健康教育活动帮助幼儿了解用眼卫生的重要性，使幼儿能够有意识地爱护眼睛。

4. 家园共育

建立良好的家园共育模式，请家长提醒幼儿在家也要注意用眼卫生。保育员可以向家长宣传用眼卫生知识，将幼儿在幼儿园不注意用眼卫生的情况及时告诉家长，引起家长的重视。

54 如何培养幼儿的良好坐姿？

李　然

案例

新学期开学，老师发现壮壮的坐姿出现了一些小问题：他总是无意识地把小腿盘到屁股下面坐着，小身子总是歪着靠在桌子边上。老师看到后，拍拍他的小屁股说：“壮壮快坐好，不然小椅子会不高兴的。”壮壮听了，马上有意识地把小身子坐正。可是没过一会儿他又把腿盘起来，变成了歪歪扭扭的样子。老师再次问他：“壮壮，你这样坐不累吗？”壮壮摇摇头，坐正了身子。过了一会儿，老师让幼儿画画，壮壮把小椅子转向桌子，依然很习惯地把腿盘在了椅子上，并倾着身子画画。老师再一次询问他为什么要这样坐，壮壮回答说：“我在老家，爷爷奶奶都教我这样坐啊。”

原因分析

1. 家中缺少适合幼儿用的坐卧家具

幼儿年纪小，正是骨骼发育的关键期，他们需要保持正确的姿势，才能促进骨骼的良好生长。但是，由于幼儿个子小，家中又没有特意准备适合幼儿坐卧的家具，因此，他们只能将就使用成人用具。正如案例中的壮壮，在回老家期间，可能是因为家具不合适，导致他学会了盘腿而坐，甚至还养成了习惯。

2. 受成人影响

因不同地方的习俗不同，或者成人的坐姿不正确，加上幼儿好奇心重，又善于模仿，时间久了，幼儿也养成了不好的习惯。

3. 对活动本身不感兴趣而出现抵触心理

如果幼儿对幼儿园开展的活动不感兴趣，也会表现出不良坐姿的情况。其实，这是他们抗拒参与活动的一种表现。可长此以往，也会出现习惯性的错误坐姿等问题。

方法措施

1. 日常关注

在日常生活中，保育员可以通过讲故事、唱儿歌等形式引导幼儿保持正确坐姿；还可以多用鼓励的口吻，提醒幼儿注意坐姿；一旦发现幼儿出现不良坐姿，就要及时提醒幼儿纠正。

2. 家具检查

保育员要定期检查幼儿使用的桌椅，选择适合幼儿个头的坐具，为幼儿养成良好的坐姿习惯提供物质基础。

3. 家园共育

因为坐姿对幼儿的生长发育有很重要的影响，所以，当发现幼儿有坐姿问题时，保育员应及时与家长沟通，使家长重视幼儿的坐姿问题，在家里也关注幼儿的坐姿与习惯。

55 如何培养幼儿良好的书写姿势？

张　颖

案例

有一天进行前书写练习的时候，老师发现家明的手指握在离笔尖很近的地方，甚至都快要握在笔芯上了；还有一些幼儿写“字”时把笔垂直在纸面上，就像在用毛笔写。第二天晨间检查的时候，老师和家长们交流起幼儿的这种情况，家明妈妈也抱怨起来：“哎！这孩子老是这么拿笔。我们平时工作忙，也没时间总看着他，老师，请你们多纠正他。”

原因分析

1. 家长不够重视

案例中，家明这种情况的出现，不会是短时间内形成的。家明虽然特别喜欢画画，而且家长很早就开始让他学习绘画，但由于缺乏重视，家长最初并没有认识到在家明绘画初期让他养成良好握笔姿势的重要性。

2. 家长包办代替，导致幼儿手指肌肉发育不足

许多幼儿的父母工作都比较忙，多数情况下，幼儿是由老人照顾，结果包办代替过

多，导致幼儿的小肌肉发育较晚，手指的协调能力和做精细动作的能力比较差。这也是影响幼儿书写姿势并造成他们书写困难的原因之一。

3. 家园教育要求不统一

由于家长和老师的要求不统一，造成孩子在家的握笔姿势与在幼儿园学到的握笔姿势不同，这也会影响他们正确书写习惯的养成。

方法措施

1. 采用多种教育形式，激发幼儿兴趣

老师可以把正确的握笔姿势和书写姿势编成生动形象、朗朗上口的儿歌，让幼儿在书写时照着儿歌歌词说的去做；也可以通过游戏引导幼儿掌握正确的握笔姿势和书写姿势，在娱乐中激发幼儿的书写兴趣；还可以通过讲故事、放录像，让幼儿了解书写姿势

不正确会造成哪些不良后果。此外，保育员还可以在幼儿经常书写的地方制作一些提示语或粘贴一些图片，利用环境的提示与影响，帮助幼儿掌握正确的握笔方法与书写姿势。

2. 注重习惯培养

幼儿良好习惯的养成并不是一朝一夕的事情，需要长期培养。在幼儿绘画、书写的过程中，老师要注意及时关注、纠正幼儿的握笔方法与书写姿势。

3. 利用游戏促进小肌肉动作的发展

手工制作活动是幼儿练习小肌肉精细动作的一个方法，不管是在家还是在幼儿园，都可以多做一些这样的活动。例如，做捏橡皮泥的活动，既可以增加幼儿小肌肉的力量，还可以促进他们小肌肉动作的发展。

4. 方法一致，家园共育

保育员可以和家长沟通，让家长了解正确的指导方法，纠正家长某些认识误区，取得家长的理解和支持，通过家园配合，不断巩固教育成果。

56 遇到幼儿身高出现负增长怎么办?

高紫阳

案例

一天，乐乐妈妈手里拿着孩子的保健记录，焦急地走到保健医身边问："大夫，我们家乐乐的身高怎么比入园前还矮了呢？孩子的生长发育是不是出问题了？"家长的提问引起了保健医的重视，他立即翻看乐乐的成长记录本，将乐乐近期的身高体检数值与入园前的数值进行了对比，结果发现确实是比原来矮了0.3cm。为了消除疑虑，保健医提议立即与家长一起重新测量乐乐的身高、体重。结果显示，近期的体检数据与乐乐实际身体发育状况一致，记录准确无误。

原因分析

1. 生理疾病引发负增长

3~6岁的幼儿正处于生长发育的重要时期，这个年龄段的孩子在正常情况下，一般每年身高均会增长5cm左右，体重增加1.6kg左右，一般不会出现负增长。幼儿出现负增长的情况确实比较罕见。医学上讲，内分泌失衡性疾病、减肥不当或是重大疾病使身体过度消耗等原因，均能导致幼儿的身高、体重逆增长或骨骼形态发生改变。而案例中乐乐的身体一直健康，出现负增长的概率几乎为零。

2. 测量工具、测量方法的不同和人为误差造成数据偏差

案例中，乐乐前后两次身高测量数据对比出现不合理现象的原因，一方面，有可能是测量时由于乐乐年龄的不同采用的测量工具不同所造成的数据差异。3 岁以上幼儿采用的是立位式身高测量计，3 岁以下幼儿采用的是卧位式身高卧尺。用卧尺测量时，由于幼儿是平躺，且因年龄小而多伴有紧张情绪，幼儿配合度不好，因此，测量结果容易出现误差。另一方面，也有可能受测量人员的测量技术影响，如果测量时标准掌握得不正确、方法不对，测量出的结果也会不准确。还有可能是记录测量结果时的准确性不高。可能由于体检的幼儿过多，测量人员的工作量较大，身边的干扰较多等原因，导致测量人员记录下错误的结果。

方法措施

1. 高度重视，掌握方法

老师应该掌握幼儿生长发育的特点，高度重视幼儿的体检工作，也可以要求测量人员与记录人员分工合作，使用符合标准的测量工具，掌握正确的测量方法：幼儿双足踏

在垫板上，测量人员站在幼儿的右侧，将水平压板轻轻沿立柱下滑，轻压幼儿的头顶；测量人员应该在两眼与水平压板呈水平位时进行读数，再由记录人员复诵后记录；要求测量误差不能超过 0.5cm。

2. 固定测查时间，降低误差

幼儿园应严格按照托幼机构规定的要求，安排相对固定的测查时间。例如，每年在固定的时间体检，具体体检日期相差在 15 天以内，保证幼儿体检周期一致，从而降低造成误差的概率。

3. 有序测查，避免错漏

测查时，老师应协助测量人员组织好幼儿，准确核对体检手册上的姓名与每一个被测幼儿的名字是否一致，做到人、册一致，以免记录错误。

4. 准确无误地记录、录入

记录人员在记录幼儿身高、体重数值时，除了要仔细核对他们的姓名以外，还要确保数字准确。首次往电脑里录入数据时，保健医要仔细对比当前测量数据与幼儿入园前的数据，确认无误差。如发现问题，应及时复测，以保证数据的准确性。

日常工作

保育员除了要配合班中教师做好保教合一的工作以外，还要负责照顾好幼儿的饮食起居等事宜，其中，又以卫生工作为重中之重。因为，对于正处于生长发育期的3~6岁的学龄前儿童而言，良好的卫生环境对他们尤为重要。良好的卫生习惯是幼儿健康生活的重要保障之一。保育员应在日常工作中结合现代儿童卫生保健工作改革的观点与思想，高质量、高效率地开展工作，促进幼儿在园健康、快乐地成长。

57 保育员的卫生工作包括什么？

孙雪岩

案例

因为当天下午是园内例行的卫生检查时间，新入职的保育员小丽老师正在教室里忙前忙后地打扫卫生。“怎么办呀？这么多的卫生都没有做完，检查卫生时该挨批评了！”她顾不得擦一擦汗水，刚擦完活动室所有的玩具柜和墙面后，又开始向盥洗室发起“进攻”。只见盥洗室的地面上堆放着去污粉、洗涤灵、消毒液等。小丽蹲在地上，双手戴着手套，用钢丝球使劲擦着铺在地面上的瓷砖。在一阵奋力地擦洗后，她环顾整个教室，忍不住叹了口气说：“所有教室内的窗户、玻璃和地面都还没清理，照这个速度，得干到什么时候呀？保育员的卫生工作也太难做了！”

原因分析

1. 卫生工作量大

保育员的卫生工作量很大：整个教室大环境的卫生包括活动室、睡眠室和盥洗室，“三室”内所有物体表面都要保持清洁，需要每天擦拭、清扫；门把手、水龙头、床围栏等幼儿易触摸的物体表面需要每天消一次毒；蹲便器应随用随刷，坐便器在每次使用后要及时冲洗；玻璃要每周擦一次，保持明亮清洁……

2. 没有合理安排工作时间

保育员的卫生工作量很大，如果新入职的保育员没有学会合理分配时间，提前做好工作规划，打算在检查卫生当天完成所有卫生工作，往往会感觉工作任务大，不知从何下手。

方法措施

1. 计划性

保育员对所有的卫生工作都要做到心中有数，并合理计划到每日的工作中，最好能定量分配，确保所有工作都能高效完成。比如，周一计划打扫的卫生区域可以是活动室，周二计划打扫的卫生区域可以是盥洗室……每天有计划地完成一部分卫生工作，可以提高整体的工作效率。

2. 重点性

保育员每天都要完成的重点卫生工作有：在每日三餐及加餐、午点时，做好桌面的消毒工作；消毒清洗幼儿的毛巾、水杯、玩具；保持清洁用具（抹布、拖布、扫帚）的

干净整洁并将其干燥处理后存放。总之，保育员要保证每天为幼儿提供一个整洁、舒适、安全的生活环境。

3. 合理性

保育员可以每天分配一定量的卫生工作，做到不蛮干、不搞突击，合理利用时间，高效开展工作。例如，可以按类别分配卫生工作：选择一天清洗所有的罩布、值日生服、钢琴布等需要洗涤的物品，一天清洗幼儿的梳子、拖鞋等用品，一天清洗、消毒幼儿的玩具，一天擦教室里所有的门窗、玻璃，一天清洁消毒柜、洗衣机……

4. 常态性

保育员应每天清洁、打扫班级环境卫生，保持班级内部卫生工作的常态化。比如，保持幼儿桌椅清洁卫生，用完午点盆后要消毒清洗，用完擦桌布后要清洗晾晒，及时清理班内污物，不滞留垃圾……

58 如何分配保育工作时间?

焦 捷

案例

小红老师是一名工作非常认真、努力的新保育员，她几乎每时每刻都在忙碌。虽然她认为自己已经很努力了，却还是时常顾此失彼，经常需要班中教师提醒她准备加餐或是拿午点。这让她感觉付出与回报不成正比，让人看了不免有些心疼。

原因分析

1. 对新的工作环境不适应

案例中的小红老师在家里是独生女，她的事情都被妈妈安排得妥妥当当，自己从没做过什么家务。她毕业来到幼儿园后，离开了以前熟悉的家庭生活和学校生活，面对新的作息时间和繁杂琐碎的工作，不免感到束手无策。

2. 缺乏工作经验

小红老师是刚毕业不久的新保育员，缺乏工作经验，很多事情从来没有做过，又不会合理地统筹安排时间。因此，虽然她每天都很忙碌，但由于缺乏“会干＋巧干”的方法，她总也干不到“点儿”上。

方法措施

1. 把与幼儿相关的事放在首位

保育员应该把幼儿的利益放在第一位，与幼儿相关的一切事情都要安排先做。比如，早晨来园后，保育员先要开窗通风，更换清新空气，再准备好干净的毛巾、水杯，为培养幼儿养成进门洗手、喝水的习惯做好必要的准备。总之，应先安排幼儿的事，只有减少让幼儿等待的时间，才能从容应对自己的工作。

2. 集中时间做复杂的事情

有些事情，如擦玻璃、消毒玩具等需要用较多的时间来完成，保育员就要和班中教师沟通，趁幼儿比较踏实、不需要配班的时候，迅速、高质量地集中完成，争取一步到位、不返工。这样，就能节省出一些时间做其他事情。

3. 熟悉一日流程，统筹工作时间

要想做好保育工作，就需要未雨绸缪，熟悉保育员的一日工作流程，尤其是刚参加工作的新保育员，只有对每天的保育工作了如指掌、谙熟于心，工作起来才会感觉得心应手、游刃有余。

4. 做个有心人，多向老保育员学习

老保育员的工作经验丰富，处理事情方法多，对如何统筹安排工作也会有自己独到的见解。新入职场的保育员要多向他们学习，这样也能学到很多窍门，少走许多弯路。

59 离园前应该做哪些工作？

张颖翔

案例

放学后，小美老师送走了班里的幼儿，更换了鱼缸里的水，并用加有消毒液的拖布将教室、盥洗室和活动室的地面都擦了一遍。当她正准备将教室里的电源关掉、关好门窗后下班回家时，班内的可视电话响了。小美老师一抬头，看到了涵涵和她的妈妈，于是忐忑不安起来，心想："怎么了？穿错衣服了？没有呀……"按下按钮，可视电话接通了："老师！这么晚了还没下班？涵涵的画落在她自己的抽屉里了。这孩子心重，非要拿回去。给老师添麻烦了！"涵涵的妈妈非常客气地解释着。小美老师恍然大悟地说："没关系，没关系，我帮她去找找。"

原因分析

1. 缺少正规的培训

当有大量年轻保育员加入幼儿园后，幼儿园会组织新入职的保育员进行一些常规培训，但往往局限于如何做好保育工作、怎样更好地为幼儿提供一个安全卫生的环境等内容。而像检查幼儿的衣物柜、特别关照个别喜欢落东西的幼儿等细节问题，大部分幼儿园还没有将其列入培训范围，因此，大部分年轻保育员对离园前需要做哪些工作缺乏认知与理解。

2. 经验不足，关注细节不够

年轻的保育员刚进入社会，对自己的工作有着无限向往和追求，她们渴望做到最好，总想大干一场，可是，她们往往只注重外在的对幼儿的照顾而忽略了细节问题。不像很多有经验的保育员，她们不仅能够做好常规工作，还能关注细节，利用一切机会，关注幼儿的需要，因而受到幼儿的喜爱，被家长信任。

方法措施

1. 检查班内所有物品

保育员是班级物品的第一责任人，因此，每天离园前，都要查看和整理班上的物品，特别要妥善管理班级的贵重物品；还要检查易耗品的损耗情况，并及时补充，为第二天的工作做好准备；若发现有物品遗失应及时寻找并汇报。

2. 做好班级的卫生、安全工作

卫生工作是一项常规工作，每天离园时，保育员都要做一次彻底的清洁，确保第二天幼儿有一个整洁、干净的生活、游戏环境。此外，要关水断电、关窗锁门，确保教室的安全。

3. 关注幼儿离园前携带物品情况

幼儿在幼儿园待了一天，离园时最兴奋，这时往往容易出现丢三落四的现象，这就需要保育员认真检查幼儿衣物、作品等的携带情况，提醒幼儿不要丢失和遗忘物品，培养幼儿的责任意识。一是提醒幼儿检查自己的东西，看是否都带齐了。二是重点提醒，多次检查。如果时间允许，保育员在幼儿离园前就应检查一遍幼儿的衣物柜，同时观察哪些幼儿经常落下东西，重点提醒那些幼儿。有的幼儿听到了提醒只是点点头，或者说声“知道了”，但并不会真正去检查，这时候就需要保育员多次检查。三是在班中教师带领幼儿离园时，保育员还应检查教室内、桌子下有没有幼儿落下的物品。四是一些幼儿可能本已将物品拿出来了，却因为跟别的幼儿说话又将物品落在了柜子外面，这就需要保育员在幼儿离园后及时与家长取得联系，以免幼儿和家长担心。

60 分餐时为什么要戴帽子和穿围裙？

王艳超

案例

夏天到了，老师们穿的衣服也越来越少。这天中午休息时，幼儿都睡着了，却突然传来抽泣的声音。原来是班里的保育员小陈老师在伤心地哭泣。事情是这样的：中午在为幼儿分餐的时候，她因忘记戴帽子和穿围裙，受到了巡视保健医的批评。尽管她向保健医解释了原因，但是，这并不能成为她工作疏忽的借口。挨了批评，小陈老师一时间有点想不通，就哭起来了。

原因分析

1. 天气太热

一些保育员之所以不愿意戴帽子和穿围裙，很大程度上是因为天气太热容易出汗，分餐前再穿一件围裙，戴一顶帽子，确实比较辛苦。

2. 工作繁重，容易疏忽遗忘

保育员的工作内容繁杂，临时性工作多，在开饭前短短的十几分钟的准备工作中，既要做好消毒工作，又要指导值日生工作，还要去取饭菜，忙乱中可能因疏忽而忘记了戴帽子和穿围裙。

3. 追求时尚

有些保育员很年轻、追求时尚，对在分餐时要求戴帽子、穿围裙没有正确的认识，不明白它对饮食卫生的重要性，反而会认为穿围裙、戴帽子不美观而不愿意穿戴。

方法措施

1. 将帽子和围裙放在固定的位置

保育员最主要的职责就是在一日生活中负责幼儿的保健和养育工作。幼儿年龄尚小，防御外界疾病的能力比较弱，保育员为幼儿营造一个卫生、安全的进餐环境就显得非常重要。这样不但可以杜绝幼儿病从口入，而且还能通过环境影响促进幼儿的食欲，帮助幼儿更好地消化食物和吸收营养。因此，保育员一定要时刻牢记并遵守工作准则，在分餐中养成戴帽子和穿围裙的习惯，确保幼儿进餐卫生。为了减少遗忘，保育员可以将该工作程序化，将分餐服放在固定的地方，以便于取放。

2. 明确戴帽子和穿围裙的时间

保育员戴帽子和穿围裙不仅是为了确保幼儿的进餐卫生，同时也是在为幼儿做良好的示范，因此，保育员可以与值日生在同一时间穿戴衣帽。

3. 定期清洁帽子和围裙

在幼儿一日三餐的时间段内，保育员都要戴帽子和穿围裙，因此，帽子和围裙的卫生与清洁也很重要，保育员要经常清洗，保持其清洁卫生。

61 教室为什么要开窗通风？

董淑萍

案例

冬天，外面北风呼啸，幼儿在温暖的室内呼呼大睡，年轻的梁老师走进睡眠室轻声唤醒了他们。幼儿有序地穿衣、叠被，然后陆陆续续离开了睡眠室。梁老师等幼儿走后开始了忙碌的工作：整理床铺、拉开窗帘、打开窗户，“呼”地一下，一股猛烈的北风吹了进来，梁老师顿时感觉到一阵寒意。她迅速关上了窗户，去拖地。正在这时，走进睡眠室的保健医对梁老师说：“小梁老师，你不觉得屋里有味道吗？”梁老师抬起头回答说：“没有啊！什么味儿？”这时，安安刚好返回睡眠室取自己的发卡，她一边走一边捂着鼻子说：“好臭啊！”然后，她急急忙忙地拿着发卡走了。梁老师这才意识到问题，马上对保健医说：“幼儿刚睡醒，我都习惯了，没闻出来有味道。”保健医追问：“那你为什么不先开窗通风呢？”梁老师解释道：“我刚才开了，太冷了，我就又关上了。”

原因分析

1. 室外温度过低

之所以会发生类似于案例中所述的情况，主要原因之一是天气太冷，保育员担心开窗通风会使室内温度降低，致使幼儿着凉感冒。

2. 室外空气很差

受各种因素的影响，北方时常会出现雾霾或沙尘天气。保育员认为，在这样恶劣的天气条件下，如果开窗通风，容易使灰尘、雾霾进入室内，影响幼儿的健康，因此，也就缩短了通风时间，甚至闭窗不开。

方法措施

1. 加强科学认知

保育员应利用专栏、网络等平台充分了解开窗通风的好处及科学道理，知道正常人每分钟要呼吸 16~18 次，在呼出的气体中，二氧化碳占 4%，加上空气中本身就含有一定量的二氧化碳，如果室内二氧化碳的总含量达到 5%，人就会发生窒息。所以，紧闭门窗的屋里都有一股不好的气味，多开窗通风换气，就可以降低屋内二氧化碳的比例，破坏致病因子的生长环境。

2. 定时开窗，保证时长

保育员要坚持在每天早上幼儿来园前开窗通风 20 分钟（特殊天气除外），使室内空气真正流通起来，起到净化空气的作用。上午、下午幼儿进行户外活动期间，开窗通风时长不少于 20 分钟（特殊天气除外）。这样定时开窗并保证时长，就能确保室内一天的空气都不错。

3. 增加开窗次数，缩短开窗时间

开窗通风一定要保持合适的室内温度，避免室内外温差过大。一般来说，室内应控制在 16℃ ~22℃。在遇到天气寒冷或空气恶劣的情况时，保育员可以采用增加开窗次数、缩短每次开窗时间的方法，达到既保持室内温度又能够换气通风的效果。

62 幼儿进餐前应做哪些卫生准备工作？

冯 靓

案例

幼儿进餐前，保育员张老师开始做消毒工作。她将消毒液合理配比，制成消毒水，然后开始给桌子消毒。每消毒完一张桌子，她都要将抹布重新洗一次后再消毒另一张桌子。随后，张老师将干净的桌布放到桌子右上角，开始指导值日生用清水擦桌子。等擦桌子的值日生做得有条不紊时，张老师又安排其他值日生做好自己分管的工作：有的负责发碗筷，有的负责搬椅子，还有的负责检查其他幼儿是否在认真洗手。这时，妞妞跑过来说："张老师，今天吃什么呀？一会儿我该为小朋友们报菜名了。"张老师看到值日生都在认真做事，其他幼儿也基本洗好手了，就带着妞妞走到班里的食谱前，一边念食谱，一边指着香喷喷的饭菜，让妞妞仔细记下每一道菜名。不一会儿，进餐音乐响了，幼儿津津有味地吃上了饭菜。

原因分析

1. 提前做好消毒工作

消毒工作是幼儿进餐前重要的卫生准备工作之一，是幼儿健康进餐的前提。这项工作的量较大、耗时也较长。为了避免过于忙乱，案例中的保育员张老师在指导值日生的工作前，就干净利落地把消毒工作完成了，为后续的卫生准备工作赢得了时间。

2. 有序指导值日生的工作

案例中的保育员张老师能够将值日生的工作化繁为简、分类安排，使每个值日生都有自己的专项工作，不交叉、不忙乱、不干扰，既提高了工作效率，又培养了幼儿的劳动能力。

3. 兼顾其他幼儿的餐前准备工作

合理的工作安排，使保育员张老师能够有时间和精力顾及其他幼儿的餐前准备工作，同时还可以照顾个别幼儿，满足他们的不同需求。

方法措施

1. 明确消毒程序

保育员应当熟记餐前的消毒程序，按部就班地进行消毒工作。首先，应将消毒布和清洁布分开，每天清洗干净，不能残留剩菜剩汤。其次，将清洗后的消毒布和清洁布进行晾晒、消毒。最后，在擦桌子前对消毒液与清水进行合理配比；在对桌子进行第一遍消毒后指导值日生劳动；待幼儿用餐后，将抹布清洗干净，晾晒消毒，为下一次的使用做准备。

2. 耐心指导值日生

指导值日生进行餐前劳动是保育员的工作之一。在值日生值日前，保育员要提醒值日生穿分餐服，发餐具前将小手洗干净；负责擦桌子的值日生在桌子两侧相对而站，先将布整齐叠好、放在一起，然后每两个人节奏一致地竖一下、横一下地擦拭。保育员还要指导发盘子、碗、筷子、勺子的值日生注意劳动细节，如发碗的值日生应当一次拿一桌的碗，站在桌子边缘的中央，左一个、右一个地发（发盘子、筷子、勺子同理）。

3. 监督提醒值日生和其他幼儿

由于好动，值日生在值日前洗过手后容易再去摸其他东西，让小手又沾到细菌。为避免病从口入，保育员要随时监督和提醒值日生，确保他们用干净的手为大家服务。同时，还要提醒其他幼儿也要配合工作，请他们不要随意碰桌子，以免造成桌子的二次污染。

63 如何做好幼儿餐后的地面卫生工作？

黄　姝

案例

幼儿吃过饭后，小张老师开始认真地擦餐桌，她边擦边提醒幼儿起立、擦桌子、收椅子、送碗盘，同时，还配合班中教师组织幼儿擦嘴、漱口。接着，班中教师就带领大部分幼儿出去散步了。小张老师关注着班里剩下的个别幼儿，并仔细清洗幼儿用过的勺子，等一切做完后便开始清扫班里的地面。10分钟后，幼儿在班中教师的带领下回到教室。刚进屋，玲玲就喊起来："老师，地上不知道有什么黏黏糊糊的，粘我的脚了。"小张老师一听急忙走过来看，这才发现虽然地板已用清水擦了一遍，但上面还是留有被碾碎的饭粒。

原因分析

1. 老师经验不足

案例中的小张老师在幼儿用餐后，既配合班中教师帮幼儿擦嘴、漱口，又留意关注个别幼儿的进餐情况，同时还在有序地做教室卫生工作。之所以会出现地面不干净的情况，有可能并不是因为她工作态度不认真，而是由于她还年轻，工作经验不足，在清洁地面时没有按照具体情况采用不同的清洁方法，才使地面打扫得不够彻底。

2. 个别幼儿再次弄脏地面

案例中，班级里还有个别没有用完餐的幼儿，可能会在保育员清洁完地面后，又不小心把食物残渣掉在地上，造成地面的二次污染。

3. 老师的引导不足

在幼儿用餐时，班中教师和保育员的引导不到位，也会使幼儿在用餐时掉落过多的食物残渣，从而导致地面不整洁且不易清扫。

方法措施

1. 规范流程

保育员在清洁地面时要做到按流程清扫：首先，要保证全体幼儿都离开教室后才开始清洁地面；其次，要先用潮湿的扫帚把地上的残渣清扫干净；最后，用清水擦干净地面。如果感觉地面油腻，可用清洁剂擦一遍，再用清水擦干净。当遇到饭粒掉在地上时，

可以先用餐巾纸把饭粒捡起来，再擦拭地面，避免将米粒粘在地上，增加清扫难度。

2. 培养习惯

保育员要和班中教师互相配合，引导幼儿养成良好的进餐习惯。首先要仔细观察幼儿为什么会出现掉饭粒的现象，然后根据原因分析并制订不同的培养措施：如果是因为幼儿使用餐具不熟练，可以在区域游戏中投放相关的材料，引导幼儿通过游戏练习学会使用餐具；如果是因为幼儿的注意力不集中，就要创设安静的进餐环境；如果是因为个别幼儿挑食，故意把不喜欢吃的东西扔在地上，则要适时引导纠错。

64 如何保持消毒毛巾干净卫生?

张 英

案例

张老师和小刘老师一起下班回家，聊天时，小刘老师对张老师说:“张老师，有件事我弄不明白。每天我把消毒毛巾洗得挺干净的，可第二天再用时还是黏糊糊的，使用前必须再用清水洗一遍。您说，这是怎么回事呀?”“我看你洗得挺认真的呀!”“我每次使劲地搓洗，手都酸了，可保健医检查时还说不干净!”小刘老师看着张老师，无奈地说。看着小刘老师委屈的表情，张老师连忙安慰她:“别着急，明天我看看你是怎么洗的，然后一起想办法!”

第二天，张老师特意观察了小刘老师洗毛巾的方法。原来，小刘老师是将擦桌子的毛巾直接扔进凉水里用肥皂搓洗，清洗以后直接将它搭在盆边上，留待下次使用。

原因分析

1. 重视不够

许多年轻的保育员可能会认为保育员的工作不如班中教师工作的含金量高，而且大部分工作是搞卫生，因此，重视度不够。

2. 经验不足

案例中的小刘老师是一个年轻的保育员，参加工作不到一年，虽然有朝气、干劲十足，工作也非常认真，但她在家不怎么做家务，工作经验不足，不知如何正确地清洗消毒毛巾。

3. 工作繁重，无暇思索

繁杂众多的日常工作使年轻的保育员应接不暇，他们甚至没有时间静下心来认真思考工作中的方法与技巧，因而容易出现类似于案例中小刘老师那样事倍功半的情况。

方法措施

1. 向身边的保育员学习

保育员的工作虽然琐碎，却十分重要，其中的卫生工作更是重中之重。要想做好这些工作，年轻的保育员不仅要向书本学习，更要向身边的老师虚心请教。案例中的小刘

老师也是及时请教张老师才知道正确的清洗方法：将使用过的毛巾放在热水里，加入洗衣粉，浸泡一会再清洗，清洗干净后还要放到阳光下晾晒。这样处理过的毛巾可以最大限度地消灭细菌，不仅特别干净，还会有清香的味道。

2. 在工作中反复实践，积累经验

卫生工作是要靠动手来实现的，因此，只有反复实践，才能积累经验，看到效果。保育员可以利用日常工作环节，每天想出一种新的方法，看哪种方法更有效；也可以针对一个问题专门进行尝试，对比哪种方法见效快。将这些经验不断地积累起来，久而久之，工作中的小问题就能迎刃而解。

3. 形成与同伴交流的工作习惯

保育员在工作中会遇到很多类似的问题，像如何刷洗梳子、如何保持床单的整洁等，这就需要多与同伴交流，共同积累经验，并使之成为一种工作习惯，把工作中的问题当作一个课题去攻克，寻找科学简便的解决方法。

65 如何正确清洗及晾晒毛巾？

闫 琦

案例

整整一个中午，新来的保育员小张老师都一直在低着头搓洗那几块泛黄的毛巾。只见她皱着眉头，汗流浃背，两手不停地搓着。可是，当她把搓洗过的毛巾拿到太阳底下照看时，还是觉得不够透亮。老保育员孙老师见状，便问她："怎么了，有什么要帮忙的吗？"小张老师委屈地解释道："您看，我先是用肥皂搓、用清水冲洗，再用洗衣粉搓、用清水冲洗，搓得双手通红，可就是洗不出透亮的毛巾，这可怎么办呢？"小张老师急得直挠头。看到小张老师如此认真地跟这几块毛巾"较劲"，孙老师笑了笑，拉着她一起看了看自己刚刚洗完的毛巾，和用来洗毛巾的各种水，又对她说了几句悄悄话。小张老师恍然大悟，马上又重新准备了一盆水，尝试起来。

原因分析

1. 常规操作解决不了个别"难题"

案例中，新来的保育员小张老师，在清洗由于各种原因造成的特别不好清洗的毛巾时，产生了困惑：为什么按照以往的办法不能将毛巾清洗干净？在幼儿园会经常遇到类似问题，对于这些"难题"，除了按照常规方法清洗以外，还需要运用一些特殊的方法，才能有效去除污物。

2. 年纪尚轻，经验不足

新来的保育员大多数年龄偏小，做家务的能力也有限，不善于处理卫生工作中遇到的问题。这就需要幼儿园对新入职的保育员进行由保健医牵头的师带徒、一帮一的专业技能培训，有效提高年轻保育员的专业技能。同时还能提高保育员的卫生消毒和健康保健意识。

方法措施

1. 及时清洗

保育员应及时关注幼儿使用毛巾的情况，除了做到每天的常规清洗外，还应及时替换、清洗沾有难以清除污物的毛巾，保证毛巾的清洁卫生。不过，只是用肥皂水、洗衣粉水搓洗顽固的印记是达不到效果的，如果先将毛巾沾湿到不滴水的程度，再打上肥皂，等过一段时间后再用力搓洗，能更有效地去除污渍。

2. 培养习惯

保育员还应在日常生活中注意培养幼儿养成良好的习惯。例如，幼儿吃鸡翅弄脏的油手或画过画而染上颜色的手，都要让幼儿先洗干净后再用毛巾擦。这样，既提高了幼儿的卫生意识，也减少了自己的工作量。

3. 向其他老师学习

经验丰富的保育员会在工作、生活中积累不少清洗小妙招。比如，清洗毛巾时可以加入少量食盐：先将两勺盐融入水中，再将毛巾放入盐水中浸泡后清洗，这样，既可以杀菌，还可以去除毛巾的滑腻感。也可以用白醋清洗：用白醋水清洗毛巾，不仅可以杀菌消毒，还能去除毛巾上的酸味。

4. 合理晾晒

在晾晒毛巾时，保育员应密切关注天气情况，及时调整晾晒方式：在大风天，应在避风处晾晒毛巾，避免被刮落；晾晒毛巾时要保证其湿度适宜，不要有太多的水滴下来，尤其是冬天，水滴到地上容易冻结成冰而使幼儿滑倒，造成伤害；晾晒毛巾时还应该避免叠着摆放，这样容易造成表面干燥、里面潮湿的现象。

66 如何正确清洗与消毒幼儿水杯？

刘铭菲

案例

刚刚毕业就当保育员的小赵老师对工作十分认真负责，每天都勤勤恳恳地干活，从不嫌脏，也不怕累，脸上还总洋溢着灿烂的笑容。可有一天，她却愁眉苦脸地蹲在水池边，一待就是整整一个下午。只见赵老师的左右两侧各摆了一个大盆，左边的盆里放了浸泡着洗洁精但还没有清洗的幼儿水杯，右边的盆里放了加盐的清水。赵老师先把每一个水杯用洗洁精清洗一遍，再用清水冲洗，最后还用盐水泡。她不停地变换着手里的工具，百洁布、钢丝球……左擦擦、右抹抹，可还是洗不掉杯底和杯把手上的污垢。一个下午过去了，大汗淋漓的她还是没能将水杯清洗到令自己满意的程度。

原因分析

1. 缺乏经验

案例中的赵老师虽然很勤快、不怕吃苦，可毕竟还是刚刚踏上工作岗位的新人，而且在家也是独生子女，很少干家务，因此，她缺少类似的工作经验，在工作中遇到此类问题就感觉比较棘手。

2. 幼儿水杯不易清洗

幼儿的水杯虽小，但每天都要用，为了便于消毒，很多幼儿园都选用不锈钢材料的水杯，致使水杯的边缘和手柄部位很容易残留污垢，如果清洗不干净，很容易造成饮食污染。

方法措施

1. 在思想上重视

刷水杯看似是一件很不起眼的事情，但水杯却是幼儿经常用的生活必需品，而且使用频率很高。因此，保育员不仅要在思想上高度重视，还要在行动上加以改善，努力把水杯刷干净，彻底清除污垢。

2. 在时间上给予保证

因为保育员既要配合班中教师开展各项活动，还要做好自己的各项卫生工作，而且幼儿每天都会使用水杯，因此，保育员要学会合理安排工作时间，每天都要留出固定的

清洁、消毒水杯的时间，千万不要因为其他事情而挤占刷水杯的时间，用清水简单冲刷了事。与此同时，保育员还要每周对水杯进行彻底的去污与清理。

3. 巧用工具

刷水杯也需要一定的技巧，保育员可以根据水杯不同的质地、污垢所在的位置，选择不同的清洗工具。例如，玻璃水杯表面比较光滑，不易存污垢，用洗洁精加百洁布清洗即可。但在幼儿园，幼儿水杯一般都是不锈钢的，而且还带把手，杯身用洗洁精加百洁布清洗即可，但杯底、杯口、杯把手这些容易存留污垢的地方就要换用钢丝球或小牙刷清洁。

67 如何正确清洗与消毒幼儿便池？

栗栗

案例

一天，保健医走进班里，检查一圈后对保育员小李老师说："便池要及时清洗，味道太大了。""高大夫，我中午刚刚刷过小便池。"小李老师委屈地解释道。的确，幼儿便池的清洗和消毒问题，已经变成了小李老师的一块心病。小便池总是散发出异味，尤其是到了夏天，小李老师一天刷好几遍，可效果却微乎其微。保健医了解了小李老师的"心事"后，便将自己的经验手把手地传授给她。看着小李老师恍然大悟的表情，保健医甚是欣慰："下次就看你的了啊！"果然，在以后的检查环节中，小李老师班级的小便池卫生都顺利通过了。

原因分析

1. 缺乏经验

很多年轻的保育员在家很少做清洁便池这种又脏又累的工作，由于他们没有多少相关经验，在清理幼儿园的便池时也就谈不上得心应手，因此，小便池的清洗便成了他们最头疼的事情。

2. 工作繁杂，清洁不周

保育员的卫生工作比较烦琐，如果在某个方面投入太多的时间，很可能会影响其他工作的完成。因此，大部分保育员不想在便池卫生工作上花费太多的时间，但又很容易由于便池清洁得不彻底散发出气味，而成为重点关注、教育的对象。

方法措施

1. 留出时间，关注便池卫生

保育员既要搞好班级卫生，又要配合班中教师进行教学，还要关注幼儿的保育与教育，因此，需要合理安排一天的工作，特别是要留出时间来清理便池，每次清洁都要做到彻底、不留死角，使便池每天保持清洁的状态。

2. 经常清洁，保持便池卫生

只有经常清洗才能更好地做好便池卫生工作。尽管保育员有很多工作要做，但大部分时间都是在班级里，因此，可以经常关注便池的卫生清洁和幼儿的使用情况，如果发现有异味和不洁现象，就需要及时清理，使便池时时保持清洁的状态。保育员还要养成

勤清、勤擦、勤消的好习惯。勤清，即每天都要定时对小便池和小马桶进行刷洗，保持它们在幼儿使用时清洁、卫生。勤擦，即经常擦拭地面。因为有些幼儿在上厕所的时候会不小心尿到地上，因此，有时哪怕清洁了很多遍便池，厕所里味道还是很大。这就需要勤擦地面，还要反复冲洗擦完地面的拖布，以免有尿液残留在上面产生异味，也不利于下次清洁。勤消，即对马桶、小便池以外的地面进行消毒。在用消毒剂清洁完小便池及马桶后，还要对地面进行清洁消毒。因为一些尿液有可能会浸到砖缝中，而单一的拖布擦拭效果不大，每周应至少搭配着安排一次砖面消毒清洁——用在消毒剂中浸泡过的钢丝球反复擦拭砖面、砖缝。

3. 掌握技巧，去除便池异味

要想除尽便池异味，保育员还应该掌握一些必要的技巧，比如知道使用洁厕灵的比例、洗消净和肥皂水的使用方法等。这些经验和方法都可以通过实践不断积累。此外，在幼儿使用便池后要及时冲水，大便后要及时通风，这些都是可以去除异味、保持幼儿便池洁净的有效方法。

68 如何将玻璃擦得更干净？

戴晓萱

案例

整整一个上午，小李老师都在不停地跟那几块玻璃“较劲”。她先用清水洗，再用肥皂水洗，最后又用清水洗。从湿毛巾到干毛巾，再到报纸，各种工具都试过了，人累得满头大汗不说，身上还溅满了水，一副狼狈不堪的样子。再看看刚刚擦过的玻璃，看起来很透亮，可是在阳光的反射下，玻璃上面还是透出薄薄的花纹。保健医看到小李老师认真的样子，知道她是想要改正上周的卫生工作中存在的问题，于是就走过去给她支了几招。眉头紧锁的小李老师脸上立刻绽开了笑容，她到盥洗室又端来了一盆水……

原因分析

1. 缺乏经验

现在很多年轻的保育员在家中很少干家务，特别是像擦玻璃这样的家务干得更是少之又少。因为没有相应的经验积累，年轻保育员就将擦玻璃视为棘手的事。

2. 缺乏研究

保育员的工作比较繁杂，卫生任务较重，再加上年轻的保育员工作技能不够娴熟，他们没有充足的时间对某一项工作进行深入细致的研究，因此，每次检查都会出现这样或那样的问题。

方法措施

1. 高度重视

卫生工作是保育员工作中很重要的一部分，保育员只有高度重视此项工作，才会将想出更好的“擦玻璃”的方法视为一个值得研究的问题，才会不断探索研究，最终摸出规律、找到技巧，将卫生工作做好、做精。

2. 合理分配时间

保育员学会合理分配工作时间很重要，他们不仅要配合班中教师开展教学活动，还要完成大量的卫生工作，时间安排不当，就会又忙又乱。像擦玻璃这样的工作不用天天做，但要周期性地抽出时间一次做好、做彻底，“打好底子”。

3. 掌握技巧

擦玻璃需要掌握一定技巧。一是在工具的选择和使用上应该注意方法：破旧的毛巾只能在擦第一遍时使用，绝不能在最后一次使用，否则会留下一些线头的印记，不好清理。二是在清洁环节，一定要使用能去油污的水，将表面的油污去掉后再进行清理，这样擦出来的玻璃才透亮。三是要根据每次擦拭的玻璃面积的大小采用不同的方法：如果要擦拭的玻璃面积过大，就可以分区一块一块地擦；如果面积小可以几块一起擦，这样能够节省时间、提高效率。

69 如何配制使用消毒液?

高紫阳

案例

阳光明媚的上午，保健医走到各班的毛巾晾晒区，查看班级清洗、挂晒毛巾的情况。“宝宝班、贝贝班、豆豆班……咦？糖糖班的毛巾怎么没挂出来啊？”于是她走到糖糖班去查看情况，只见班上的小李老师正看着盆里的毛巾发愁呢。保健医走近一看，原来毛巾原有的颜色变得深一块、浅一块，褪色了。小李老师看到保健医后一脸无辜地说：“我也不知道为什么会出现这种情况，我就是按照流程洗的呀？”

原因分析

1. 消毒液的浓度配比问题

清洗、消毒毛巾是日常消毒工作中的一部分。毛巾会出现褪色的现象，主要是由于保育员在配制消毒液的过程中出现了浓度比例不当的问题，或是将毛巾浸泡在消毒液里的时间过长。

2. 使用顺序的问题

保育员可能对毛巾清洗、消毒的顺序不够了解，出现了先放毛巾、后放消毒液的情况。

方法措施

1. 高度重视

为了给幼儿创造一个健康的生活环境，幼儿园的卫生消毒工作内容有很多，如毛巾消毒、餐前消毒、餐具消毒、玩具消毒、物体表面消毒、幼儿被褥消毒等。保育员应高度重视各项卫生消毒工作，严格执行《托儿所幼儿园卫生保健管理办法》《托儿所幼儿园卫生保健工作规范》及其他各项卫生消毒制度。

2. 掌握方法

保育员在参加园所开展的培训学习的过程中要态度认真，自觉提高卫生消毒意识，充分了解消毒常识，掌握各种消毒方法及消毒液的配制比例。

用消毒液浸泡毛巾是幼儿园常见的一种预防性消毒方法。在消毒过程中，一定要把握好消毒液的配制比例：配制擦拭桌椅、毛巾、玩具的消毒水时，使用浓度应为有效氯

含量 100~250mg/L；厕所、地面消毒，便器、盛装吐泄物容器的表面擦拭消毒水配制时，使用浓度应为有效氯含量 400~700mg/L。

3. 规范流程

保育员在对幼儿使用过的毛巾进行消毒时，必须严格按照流程规范操作：先进行消毒液的配比制作，然后放入毛巾浸泡 20 分钟，再用洗涤剂清洗干净，最后将毛巾挂在有阳光的通风处进行晾晒。千万不能将消毒液直接浇淋到毛巾上。

70 如何巧用消毒柜?

沈艳军

案例

实习生小李老师学做保育员也有几个月了，工作上非常努力，活也干得漂亮，经常得到班中教师和老保育员的表扬。这不，幼儿刚喝完水，她就抢着帮助保育员王老师把水杯刷洗干净。她正准备把水杯往消毒柜中存放时，却发现消毒柜中有几块洗干净的毛巾，对此，她有些不解。一会，她看见王老师从消毒柜中取出毛巾，将水杯一个个倒过来，认真地摆进了消毒柜。看着王老师娴熟的动作，她回想起中午吃饭之前，王老师好像是从消毒柜中取出幼儿吃饭用的勺子。“难道消毒柜除了消毒水杯外，还可以有其他用途？”带着这个疑问，她开始留心观察王老师是如何使用消毒柜的。

原因分析

1. 经验不足，谨慎行事

年轻的保育员大都工作经验不足，对班上物品的功能认识不全，再加上来园不久，班级里贵重的东西他们不敢随意研究，因此，对消毒柜的多种使用方法也并不是十分清楚。

2. 培训不足，知之甚少

通常，幼儿园开展的保育员培训也只是简单地讲解消毒柜的大致操作步骤、注意事项等，很少针对如何巧用消毒柜等问题进行专门培训。这就使得保育员在使用消毒柜的时候，消毒方法简单，操作方式单一，不会充分利用消毒柜。

方法措施

1. 关注细节，水杯消毒更彻底

在日常消毒水杯后，保育员不难发现水杯上总会出现一些干涸的水迹，有时在钢杯上还会出现一些黑斑。这些都是因为保育员在水杯消毒过程中不注重细节造成的。保育员不妨在消毒水杯前，尤其是在幼儿的水杯冲过药或果汁后，认真地用钢丝球刷洗杯子，这样才能防止水杯在消毒后，因沾有的残留物质受高温变质而留下污渍。另外，在消毒柜中可以采用将水杯倒置的方式进行消毒，这样的摆放方式可以使水杯中残留的水顺势流下，而不会悬挂在杯子四周，经过高温后也不会有水迹出现在杯子四周。

2. 互为补充，餐具消毒也放心

幼儿园的碗筷和餐盘都是由厨房进行专业消毒。但是在日常工作中，班上总会有个别吃饭较慢的幼儿，他们使用过的餐具往往来不及送去厨房。这时，班里的消毒柜就起到了关键作用。另外，一些日常生活中使用的不锈钢餐具、刀具等也可以放置于消毒柜中进行高温消毒。但在使用时，保育员应注意先沥干这些餐具上留下的水，再将其放进消毒柜中消毒。这样不仅可以缩短消毒的时间，还能够延长消毒柜的使用寿命。

3. 天气阴潮，桌布消毒灭菌快

在幼儿的餐桌上，桌布与消毒布是必不可少的物品。当幼儿用餐结束后，桌布上往往会挂满各种菜汤、油渍。保育员尽管已经认真清洗了桌布，但可能还有细菌没被杀死，这时最简单的办法就是紫外线消毒。但是，如果赶上阴冷潮湿的天气，紫外线消毒就不能实现了。不过，远红外线消毒柜的消毒方式也具有较强的穿透力，将桌布、消毒布放置其内一段时间后就能起到去潮、灭菌的效果。为此，保育员可以用消毒柜完成消毒任务：将洗净、拧干的桌布与消毒布平铺后码放到大餐盘中，然后放置于消毒柜中进行短暂消毒。

71 如何给玩具消毒？

焦 捷

案例

对于刚参加工作不久的保育员小兰老师来说，消毒玩具真是一件难办的事。她并不知道，不同的玩具有不同的消毒方法，因此，她每次都是一股脑儿地把所有玩具浸泡在消毒液里。这不，班上的彩色积木被这样消毒后，表面的油漆部分脱落，看起来斑驳、暗淡，很不美观。不仅幼儿不喜欢褪色的玩具，就连检查卫生的领导也批评她做事不动脑筋。挨了批评，小兰老师也很委屈，之后每次清洗玩具时都是提心吊胆，恐怕再犯类似错误。保育员组长知道此事后，耐心地帮助她。经过一段时间的尝试和努力，她再也不用为如何消毒玩具而苦恼了。

原因分析

1. 缺少给玩具消毒的经验

案例中的小兰老师很年轻，缺少给玩具消毒的经历，对玩具消毒知识的储备不足，更缺少解决玩具褪色问题的经验。

2. 缺乏主动探究的意识

现实工作中，像案例中小兰老师这样的保育员并不少见，他们工作很认真，但缺乏自主探究的意识，遇到问题习惯在“认真”“反复”上下功夫，却不知盲目地重复劳动，并不能真正解决现实生活中的问题。如果学会不断地探索钻研，找到正确的方法，工作中的问题就会迎刃而解了。

方法措施

1. 分类洗涤

幼儿园的玩具各式各样，保育员在清洗、消毒时要分类进行。

塑料玩具：先用洗衣粉水清洗干净，然后用浓度为有效氯含量 100~250mg/L 的消毒液浸泡约 20 分钟，再用清水冲干净，最后拿到太阳底下暴晒。

铁皮玩具：先用肥皂水擦洗，再用清水冲干净，最后放到阳光下暴晒。

橡胶玩具：用浸泡法消毒。每次清洗后，为了不存留水，要将玩具底部的开口打开，把水挤干后再装好。

毛绒玩具：清洗前，将玩具身上的缝线拆开一部分，把填充物取出来，放到太阳下暴晒，等玩具干了以后，再把填充物塞进去缝好。

木制玩具：使用浓度为有效氯含量 100~250mg/L 的消毒液擦洗，然后用清水冲干净，再晾干或晒干。

磁力玩具和电动玩具：可定期用酒精棉球擦拭幼儿经常抚摸的部位。

2. 擦拭清洁

保育员还可以用消毒液擦拭清洁玩具，即用浓度为有效氯含量 100~250mg/L 的消毒液浸泡抹布擦拭玩具，这种方法能起到消毒和清洁的作用。但应该注意的是，消毒液容易挥发，要想达到消毒清洁的最佳效果，需严格把握其配比浓度。

3. 暴晒消毒

紫外线消毒是最为简单易行的一种消毒方法，每天都可以使用。保育员可以利用幼儿午睡的时间，集中晾晒玩具。最好选择光照最强的时间段晾晒，可以使玩具全部暴露在阳光之下，彻底消毒。

72 如何给图书消毒?

沈艳军

案例

每周一次的大消毒又开始了。这一天阳光明媚，刚好可以进行紫外线消毒。于是，小刘老师将一摞摞的图书往阳台上搬，并将一本本图书平铺到阳台上。当她转身往教室走时，隔壁班的王老师也来晾晒图书。王老师看到小刘老师摆放的图书后便叫住了她:“小刘啊，这些图书可不是放在阳台上面就行了。”小刘老师困惑地看着王老师。王老师将书从中间翻开、摊平后说:“要把图书翻开来晾晒，这样消毒效果会更好。”

原因分析

1. 操作简单，不被重视

紫外线晾晒图书法是幼儿园常见的一种图书消毒方法。只是由于这种方法很简易，年轻的保育员容易掉以轻心，可若想有效减少图书中的细菌，还是需要认真对待。

2. 缺乏经验

年轻的保育员在家中很少会有给图书消毒的机会，经验的缺乏使得他们对图书消毒工作感到无从下手；再加上其他工作繁重，致使他们缺少对图书消毒的关注。

方法措施

1. 选择光照最强的时间段暴晒消毒

将图书放在阳光下暴晒是幼儿园经常使用也是比较容易实施的一种图书消毒方法。选择这种方法，通常要在光照最强的时间段进行。在暴晒过程中，保育员应当注意要将图书翻开晾晒，并隔一段时间后就翻动一下图书，如此反复多次。将图书消毒后，还要注意将上面沾到的灰尘拂去。

2. 少量图书可以采用冷冻消毒

在冬天或是阴雨天气，无法采用阳光暴晒消毒法时，保育员可以利用冰箱冷冻室为图书进行消毒。将少量的图书放进塑料袋，封好开口，然后放在冰箱冷冻室内冷冻，两天后取出。这种方法也可以达到消毒灭菌的效果。

如果幼儿园没有冰箱，保育员可以与班中教师商量，在班中开展“图书管理员”活动。将图书角的图书分发给小管理员，鼓励幼儿动手将自己负责的图书打包，拿回家冷冻消毒，并在图书管理卡上为幼儿记录消毒情况。这种方法不仅可以激发幼儿对图书的

爱护之情，帮助其树立责任心，还可以减少保育员的消毒工作量。

3. 定期进行紫外线消毒

条件好的幼儿园有大量的图书，除了在班级中存放的一部分图书，还有很多图书存放于图书馆。为了减少书中的细菌，幼儿园应该定期对图书进行消毒。比如，保育员可以在幼儿离园后，将图书摊平摆放在教室里，关闭门窗后，开启紫外线灯管消毒。利用紫外线照射图书半个小时以上，也能达到灭菌的目的。

4. 资源共享，保育员间传帮带

有些老保育员工作经验丰富，积累了许多小窍门。幼儿园可以开展保育员师带徒活动，请老保育员将自己在工作中积累的经验传授给年轻的保育员，通过经验交流，充分发挥老保育员的价值。

73 夏天为什么要对喝完牛奶的水杯进行消毒？

孙雪岩

案例

盛夏时节，天气炎热，班上幼儿加餐喝完牛奶后，每个人又拿着水杯接了三分之一杯的水喝了。随后，他们准备将杯子送回到水杯柜内。这时，赵老师对大家说：“孩子们，你们喝过牛奶的杯子不用放回到水杯柜里了，直接放到这个盆里，老师一会儿要消毒的。”幼儿不解地问：“我们喝完牛奶都接水喝了，杯子也用水冲过了，可以接着用啊，为什么还要再消一遍毒呢？”其中一个幼儿还把自己手中的水杯拿到水池边，打开水龙头仔细地冲洗起来。然后他举着手中的水杯，认真地对赵老师说：“老师，你看！我用清水将水杯多冲一会儿就没有奶了，这样不是很干净吗？不用再消毒了！”

原因分析

1. 天气炎热致使细菌滋生

夏季，天气炎热，食品很容易变质，牛奶也容易在高温的作用下腐败变质。幼儿用水杯喝过牛奶后，虽然会接少许的水喝，但是水杯壁或杯底还是会附着未冲干净的牛奶。如果不彻底冲洗、消毒，残留在牛奶中的微生物便会在一定环境条件下，利用残余牛奶中丰富的营养素不断繁殖，滋生出大量细菌，同时还会分泌各种毒素，对水杯造成污染。

2. 细菌滋生影响幼儿的健康

简单地用清水冲洗牛奶杯，表面上看杯子是干净了，实际上并不能将附于杯体上的细菌完全消灭。幼儿一旦用被污染的水杯喝水，便会引起腹痛、腹泻、呕吐甚至脱水等胃肠道疾病。因此，夏季喝过牛奶的水杯应及时进行清洗、消毒。

方法措施

1. 完全清洗

在清洗消毒水杯时，保育员应将幼儿使用过的水杯放在专用的盆中清洗。先用百洁布蘸上洗洁精逐个洗涤水杯，尤其需要认真擦拭并清洗水杯口、水杯内壁及水杯把手；再用流动水将洗洁精彻底冲洗干净，做到水杯内外无污渍、奶渍。

2. 入柜消毒

清洗完的水杯需控干水后倒置于消毒柜内进行消毒。保育员应注意将水杯疏松放置，不宜放得过密。消毒时间为 20~30 分钟。消毒后打开消毒柜门，将热气放出，等水杯冷却后，再将晾凉的水杯保存在消毒柜中备用。

74 当班上出现传染病患儿时该做哪些卫生工作？

陈 熙

案例

星期一早上，琳琳一来到幼儿园就趴在桌子上不说话，可平时这会儿她都会去找其他幼儿聊周末发生的事情。过了一会儿，她对老师说："老师，我肚子有点疼，想上厕所。"得到允许后，她迫不及待地跑到厕所，蹲了很久才回到班上。这时，大家已经开始吃早饭了，香喷喷的早餐并没有激发起琳琳的兴趣。保育员小张老师走过去询问其原因，原来她的肚子从昨天晚饭后就开始疼了，到现在还是不太舒服。小张老师叫来了保健医，保健医经过询问、仔细检查之后，认为琳琳可能是在周末晚餐时吃了不干净的食物引起腹泻，而家长有可能认为孩子只是普通的拉肚子，并没有及时就诊。在及时与家长取得联系后，琳琳被送到了医院，并确诊为急性肠炎。因为小张老师的及时发现，琳琳的病情得到了很好控制，避免了恶化，也防止了幼儿间大规模传染。

原因分析

1. 季节交替，传染病多发

春夏季节是很多传染病的多发季。如果幼儿在公共场所接触过传染病人，或在家中误食了没有洗干净的瓜果蔬菜，就很容易感染病毒或细菌，出现发热、呕吐或是腹泻等症状。

2. 集中接触，容易传染

幼儿在症状尚未察觉或是传染病还在潜伏期时被送来幼儿园，幼儿相互之间的握手可引发直接性的交叉传染，接触同一个玩具或是同一本书可引发间接性的交叉传染；而且这些被病毒、细菌污染过的图书、玩具会使更多的物品、幼儿被传染，从而引发大规模的交叉感染。

方法措施

1. 仔细观察幼儿的情绪变化

幼儿天性活泼好动，一旦淘气的孩子默不作声了，保育员就要提高警惕，看他们是不是因身体不适而造成情绪低落。还有些幼儿在身体欠佳时会出现脸发红、一天多次大便等情况，对此，保育员都应持有高度警觉。因此，保育员细致地观察每位幼儿的情绪变化是及时发现幼儿病症的关键。

2. 做好晨检、午检是排查传染病的有效措施

每天幼儿来园时保育员都应做好晨检工作，午检工作也不容马虎。检查时，保育员应主动询问幼儿的身体状况，及时与家长沟通，随时观察幼儿的行为变化。尤其应多询问幼儿是否有什么地方不舒服，发现异常要及时与家长取得联系，当确定为传染病时，应对患病幼儿进行隔离安排，避免更多幼儿被传染。保育员在日常工作中还要严格按照日常的流程消毒，减少病毒、细菌侵害幼儿的可能性。

3. 妥善处理幼儿的分泌物

幼儿可能通过多种途径被传染，如空气传染、接触传染物和幼儿间接触传染等。不同的传染物需要用不同的处理方法。对于患病幼儿的呕吐物、排泄物，应按每 1000ml 稀薄呕吐物或排泄物加 50g 漂白粉或用浓度为有效氯含量 20000mg/L 的消毒液，搅拌、静置 2 小时进行消毒处理，再将被污染的便器等接触性物品用浓度为有效氯含量 400~700mg/L 的消毒液浸泡或擦拭。

4. 做好班级室内环境消毒

一是在幼儿安全离园后保育员应对教室、睡眠室进行紫外线消毒，一次不得少于 30 分钟。二是日常可开窗通风，让日光照射教室和睡眠室。三是当发现有传染病幼儿后，保育员需要用消毒剂喷洒室内进行消毒，消毒后开窗通风，再用清水擦拭幼儿可能触摸到的地方。四是每天来园后都要用消毒液浸泡、清洗幼儿的毛巾，生病幼儿的毛巾要单独处理，不可以同其他毛巾一起混洗，洗完后再对毛巾进行阳光暴晒；还要清洗干净水杯并将其放到高温消毒柜里消毒，时长不少于 20 分钟；每天都要用消毒液浸泡幼儿接触过的玩具并将其暴晒、晾干；还要用浓度为有效氯含量 100~250mg/L 的消毒液擦拭幼儿的玩具柜、桌椅和地面。

75 如何处理幼儿因呕吐及便溺弄脏的衣物?

王 玥

案例

早饭后，幼儿都进入活动区玩了起来。尚尚急匆匆地走到保育员王老师面前说:“王老师，容容哭了。”王老师听到后，和尚尚一起来到厕所，发现容容正在厕所里哭。原来他又拉裤子了，只见他低着头一副很委屈的样子。王老师走到他的身边，轻声地问:“是不是肚子又不舒服了?”容容点了点头。王老师笑了笑说:“没关系的，王老师帮你换，然后洗得香香的!”随后马上帮他整理干净并换上干净的裤子。于是，容容又高高兴兴地和其他幼儿一起玩去了。

原因分析

1. 幼儿因环境改变而产生不适

小班幼儿由于刚入园，往往会因为不适应，或与其他幼儿玩得忘记了上厕所等主观及客观原因，经常会在幼儿园发生呕吐、拉裤子等情况。案例中的容容上学期一直在加拿大生活，本学期刚回国就被家人送到幼儿园。由于国外和国内的饮食差异比较大，容容的肠胃一直不太好，稍不注意就会出现呕吐、肚子疼等症状，因此，他在幼儿园会时不时地拉裤子。

2. 老师的错误做法会给幼儿造成心理伤害

对于上述案例中发生的情况，保育员千万不能表现出一些错误的做法，如露出嫌弃的表情、大惊小怪，或是掩着鼻子大呼小叫。其实，呕吐、拉裤子的幼儿已经很害怕、很害羞了，若再加上保育员老师的嫌弃和同伴的嘲笑，其自尊心会受到严重伤害，容易造成幼儿出现怯懦、自卑等问题。有的保育员主观上不嫌弃，但是由于准备不充分、方法不得当或者保育技能不熟练，客观上也有可能对幼儿造成心理上的伤害。

方法措施

1. 善于观察幼儿的表情

年龄小、贪玩、胆小、不敢独立如厕，或是吃得不舒服等原因均能导致幼儿出现呕吐、拉裤子的现象。发生这种事情后，有些幼儿可能会选择保持沉默，生怕被老师和其他幼儿发现，这就要求保育员要留心观察。例如，如果发现幼儿脸蛋通红，就要面带微

笑地询问原因。与此同时，保育员还要对异味敏感，尽早发现幼儿的异常表现，及时处理异物，不要让幼儿把污渍带回家。如果个别幼儿的自理能力较弱、不会自己上厕所，保育员就应引导、教会他们；如果幼儿因贪玩忘记上厕所，保育员就要时常提醒他们；如果幼儿确实是身体不适，保育员就要立即带幼儿到保健室看病并及时通知家长。

2. 勇于担当，互相配合

一旦有幼儿呕吐或拉裤子，不管是保育员还是班中教师，都要及时把呕吐或拉裤子的幼儿照顾好。同时，还要安排好其他老师管理班级，避免管理缺位。

3. 动作娴熟，手法轻柔

发现幼儿呕吐或拉裤子了，保育员应立即处理。处理时要本着动作快、手法轻的原则，不要让幼儿着凉，要让他们感受到老师的爱。一般要先用专洗衣裤的大盆接好温水，然后把幼儿的鞋袜脱下来，小心翼翼地帮他们把裤子脱下（避免将脏物蹭到幼儿的腿上），迅速将幼儿抱起放到温水盆中，用在温水中浸泡过的湿巾（用浸过温水的湿巾不会冰到幼儿的身体）把幼儿身上的脏物擦拭掉，再用温水和香皂帮他们洗净身子，用卫生纸擦干幼儿的身体，帮他们换上干净的衣裤。随后在拖布池中将衣物上的污物冲掉，将盆中脏水倒入马桶，并洗干净盆。脏衣物要用消毒剂浸泡 20 分钟后再搓洗干净，并将其晾在通风处或阳光下。最后，要用消毒液消毒拖布，让池内彻底干净。

76 如何清理扫帚上的头发？

李蕊

案例

小一班的刘老师已经工作一年了，她对保育工作也基本熟悉，但是在有些问题上还是不知如何处理。这不，晚上打扫完卫生，一件让她头疼的事又来了。原来，扫帚上都是头发，她试图将头发拉下来，可头发越拉越长，交织在一起，撕扯不断，她急得不知如何是好。正在这时，小二班的王老师看到她焦急的样子，便走了过来，跟她耳语了几句。刘老师顿时喜笑颜开，立刻行动了起来。这已经是她这学期第五次为扫帚清理头发了，但愿这次她能够把头发彻底地清理掉！

原因分析

1. 缺乏经验

案例中的刘老师是一位年轻的保育员，家务活做得少，工作经验不足，遇到问题喜欢简单化处理。这样的问题，在实际工作中很多保育员都会遇到，如果身边没有他人提示、引导，他们往往会不断地重复一些笨拙的做法。

2. 遇到问题不愿探究

在有经验的保育员给予指导帮助的同时，年轻的保育员也需要自己去钻研。如果每个保育员遇到问题时都能够多动脑筋，尝试用不同的方法解决问题，就不会再被这些小问题纠缠，干起活来就会更加顺利，更加得心应手。

方法措施

1. 用旧梳子梳理

扫帚是由无数根细细的草苗聚集而成，地面上的头发被扫帚扫走的同时，也会“寄居”在扫帚上，不容易下来，特别是长头发，很难清理。而旧梳子齿密且坚硬，如果用它清理扫帚上的头发，就会相对容易一些。

2. 用旧丝袜罩住

扫帚上的头发被清理掉后，只要继续使用扫帚扫地，还会有很多头发缠到扫帚上。那要如何避免头发缠进扫帚里呢？可以用废旧的丝袜套在扫帚上，让扫帚蒙上一层薄薄

的纱布，将头发与扫帚苗隔开。这样就能避免头发缠到扫帚上了，也可以减少用梳子清理扫帚的次数。

3. 用肥皂水浸泡

为了使扫帚更加清洁，减少油污对头发的粘连，保育员每天晚上可以用肥皂水或含洗涤灵的水浸泡扫帚。这样既能将扫帚上的油污去除，减少因油污过多造成缠进扫帚上的头发粘上去下不来，又能使扫帚始终保持清洁的状态。但要注意浸泡扫帚的时间不要太长，浸泡后还要将扫帚放在通风的地方晾干，以备第二天使用。

77 如何消除厕所内的异味？

王艳超

案例

“老师，妞妞哭了，你快来看看啊！”保育员徐老师闻声，马上跑过去问：“妞妞，怎么啦？别哭，告诉徐老师你为什么哭啊？”妞妞不说话，一边哭，一边夹紧双腿，还不停地抖脚。“你是不是要小便呀？那咱们赶快去盥洗室吧！”可妞妞却使劲地摇头说：“厕所好臭，我不去！”为了不让妞妞憋得难受，徐老师先带妞妞去了另一个盥洗室，回来时特意走到盥洗室门口，使劲一闻，一股隐隐的怪味飘进了徐老师的鼻子里。

原因分析

1. 通风不畅

盥洗室是幼儿生活的重要场所之一，可保育员考虑到幼儿的健康，尤其像冬天担心开窗造成幼儿着凉感冒，而夏天又怕从纱窗爬进蚊虫，只好每天定时开窗通风，造成室内通风不够。

2. 无意弄脏

幼儿年龄尚小，他们上完厕所有时会忘记冲水，或者把尿尿到便池边上，这些都是很常见的事情。如果保育员没能及时清理，盥洗室就会散发出不好闻的味道。

3. 难以打扫

盥洗室里有固定的壁柜、水池、便池等设施，卫生死角多，容易藏污纳垢。保育员一旦疏忽，没能及时彻底清理死角，这些地方就很容易成为疾病和怪味的“发源地”。

4. 欠缺经验

盥洗室的活儿最多，也很费时。年轻的保育员由于在卫生工作方面没有经验，不会精干、巧干，往往不知如何安排才能在有限的时间内完成盥洗室的彻底打扫。

方法措施

1. 随时保持厕所清洁

保育员在每次彻底打扫干净厕所以后，一定要注意保持其清洁，包括墙上的瓷砖、

壁柜的缝隙、便池的边角。尤其是每次幼儿盥洗之后，都要随时清除污物、冲洗厕所，让厕所的每个角落都干干净净，为幼儿提供一个清洁的如厕环境。

2. 关注重点部位

盥洗室里一旦形成比较顽固的脏东西，清洗起来既耽误时间又达不到预期的效果，因此，保育员要学会关注厕所里的重点部位，如便池是否冲水、地面有无尿液、幼儿便后是否通风等。另外，工具的摆放位置、清洗药水的配比、拖布的干湿程度等，都会对厕所的清洁造成影响。这就要求保育员在工作中多思考，掌握小方法、小窍门，使工作做得省时省力、得心应手。

3. 提高幼儿自理能力，共同保持厕所卫生

尽管保育员需要细致入微地照顾幼儿，但这并不代表所有事情都要保育员帮助幼儿完成，这样不但会使保育员累得苦不堪言，而且也剥夺了幼儿成长的机会。保育员完全可以根据本班幼儿的年龄特点和发展需求，有目标、有针对性地帮助幼儿提高生活自理能力，指导幼儿慢慢养成为自己、为同伴服务的意识，帮助幼儿养成好的生活、卫生习惯。如在厕所墙上张贴幼儿便后要冲水的示意图，请幼儿在如厕时相互提醒、尽量保持便池的整洁，让幼儿也成为厕所良好环境的维护者。

78 如何做面点游戏中“游戏真做”的消毒工作？

魏 薇

案例

魏老师准备给小班幼儿上一节制作饼干的课。刚刚毕业的保育员南老师听完后，马上皱起了眉头，一脸的不解。魏老师奇怪地问其原因，南老师困惑地说：“这饼干做完了让他们吃吗？”魏老师回答：“当然要吃啊。”“可是，怎么消毒才能放心地让幼儿吃呢？”南老师的疑虑也引起了魏老师的关注。以往都是用彩泥或者黏土代替面团让幼儿自由地揉捏，进行各种造型创设，幼儿也会将彩泥捏成饼干、蛋糕等食物的造型，但不会食用。这一次要用真正的面团，还要在桌面上进行揉捏，并且要食用。这就引起了两位老师的思考：如何消毒才能达到卫生的标准呢？南老师先用每天三餐消毒桌面的方法来解决桌子消毒的问题。接着，魏老师又借来了各个班小值日生分餐时穿的分餐服，准备穿在每一个幼儿身上，以免幼儿在制作面团时将面粉蹭到身上。最后就是让幼儿洗好手准备去做饼干了。可就在这时，保健医却说：“这样的消毒还不够。怎样保证幼儿的小手洗完后不到处摸呢？老师上课时手也会摸到其他东西，这些都存在卫生安全隐患。”“那应该怎样消毒呢？”两位老师有点犯难了。

原因分析

1. 经验不足

案例中，保育员南老师是一个刚刚毕业的年轻老师，经验不足，特别是缺乏关于开展面点课“游戏真做”方面的准备经验。而班中教师魏老师也缺乏相关的知识与经验，这些问题若没处理好就会给幼儿的健康饮食带来隐患。

2. 缺乏相应的培训

由于各种原因，幼儿园没有对新入职的保育员和班中教师开展“游戏真做”方面的相关培训，使得没有经验的老师在课前准备时显得手足无措。

方法措施

1. 工具消毒

活动前，保育员要对所有相关的面点工具和桌面进行消毒。例如，用消毒水浸泡塑料刀、饼干模子等相关工具后用清水洗干净；再用消毒水擦拭桌面；按照三餐的消毒程

序分别用清水、消毒水、清水对桌面消毒。

2. 老师消毒

老师在组织活动前应该全面清洗双手，严格按照六步洗手法准确清洗。同时，如果老师在活动中碰触了未消毒的工具，就需要带上一次性手套来操作面点，以保证食品的卫生。

3. 幼儿消毒

保育员在幼儿参加活动前，也需要引导幼儿全面清洗双手，按照六步洗手法准确清洗。同时，提示幼儿尽可能不去触碰其他未消毒的物品，如果触碰到了未消过毒的物品，就需要带上一次性手套来制作面点，或是再次清洗双手，以保证食品的卫生。此外，还需要为幼儿准备好干净的分餐服，避免幼儿在操作中将食物蹭到衣服上，造成不卫生的情况发生。

家园沟通

著名教育家陈鹤琴先生指出："幼稚教育是一种很复杂的事情，不是家庭一方面可以单独胜任的，也不是幼稚园一方面可以单独胜任的。必须两方面结合方能得到充分的功效。"因此，家园合作的重要性是毋庸置疑的。但以往，在幼儿园的工作开展中，主要由班中教师与家长进行沟通，保育员在家园配合方面则有些茫然、不知所措，不知道应该从哪些方面入手。其实，保育员在开展家园共育工作中也有着不可替代的作用，只有保育员和班中教师一起与家长双向互动才能共同促进幼儿身心的健康发展。

79 如何与肥胖儿的家长进行沟通？

闫苗凡

案例

墨墨是个聪明、懂事的好孩子，在班里他的食量较大且从不挑食，似乎对每餐的食物都很感兴趣。以至于到后来，保育员闫老师很担心他的体重会超标。果然，最近一次体检结果出来后，闫老师发现墨墨的名字已经被列在保健医给的肥胖儿名单里。保健医明确表示墨墨需要控制体重。傍晚离园时，墨墨的爸爸和妈妈一起来接他，听了闫老师的话，墨墨爸爸马上说："我们会少给他一些饭吃的！"而墨墨妈妈却有些犹豫："才3岁多就减肥啊？"

原因分析

1. 先天原因

案例中墨墨的体重超标的原因之一是他妈妈在怀孕时的食欲很好，摄入营养丰富，不仅自己的体重增加了不少，墨墨在出生时的体重也有8斤多。

2. 家长溺爱

现在大多数的幼儿都是由老人帮助看护，虽然他们有喂养幼儿的经验，但因为溺爱，他们往往会不科学地一味喂养，时间久了，就会把幼儿的胃“撑开”，造成幼儿从小就吃得多。

3. 观点错误

许多家长认为幼儿还小，正是长身体的时候，尤其是男孩，只有吃得多才会长筋骨、长个子，这种错误的观点导致他们并不限制幼儿的食量。

4. 饭菜可口

入园后，幼儿园的饭菜让幼儿感觉十分可口，同时也很新鲜，加上与很多幼儿一起用餐，幼儿的饭量也可能会有所增加。

方法措施

1. 家园沟通，合作执行

绝大多数幼儿的父母都是具有一定文化基础且通情达理的，只要保育员老师向他们提出科学的建议并答应会全力配合，家长还是会愿意接受劝告并为之努力的。

2. 探讨方法，控制体重

保育员可以与家长一起讨论、确定幼儿的减肥方法。例如，幼儿在幼儿园吃饱了，回家以后只进食水果和酸奶；双休日在家进餐时，要注意食物的多样性和营养的全面性，要少油、少盐、慢吃，多吃青菜、水果等；平时还要多到户外运动。

80 如何与体质弱的幼儿家长沟通？

梁　赛

案例

大四班新来了一个名叫心心的幼儿，她是个既温柔又清瘦的小女孩。心心的自尊心很强，不爱表达自己的情绪，做任何事都不紧不慢的，还爱挑食。与其他大班幼儿相比，心心单薄了许多。每天吃饭时，心心总是一小口一小口地吃，遇到不爱吃的菜，她就将菜放在一边，光吃米饭。她的进餐时间也比其他幼儿长。离园时，保育员梁老师找到心心妈妈，跟她讲了心心在园的进餐情况，也想了解她在家的进餐情况。心心妈妈说："心心在家就不爱吃饭，还特别挑食，遇见自己爱吃的菜便大口大口吃；不爱吃的菜，她一口也不吃。她还特别爱吃零食，好话坏话都对她说尽了也不管用，真不知道该怎么办了。"

原因分析

1. 先天体质较弱

有些幼儿体质弱是先天形成的，正如案例中的心心，她是个早产儿，出生时就比一般婴儿瘦小，先天体质比较弱。

2. 父母溺爱

由于先天的原因，家长更加溺爱孩子，心疼孩子，生怕孩子受一点儿委屈。因此，也会迁就孩子挑食的坏习惯。

3. 不爱运动

案例中的心心不爱运动，每次参加户外活动时，都是玩一会儿就坐在旁边说："我累了，不想跑、不想跳了。"其实，适量的活动可以促进幼儿的体能消耗，增强幼儿的食欲。

方法措施

1. 直接沟通，发现问题

保育员应与幼儿家长及时沟通，将幼儿在园期间的情况与在家的情况进行对比，与家长共同发现问题、面对问题。

2. 提供建议，共同合作

保育员可以向家长提供一些建议，共同努力、帮助幼儿增强体质。根据具体情况，

可以提以下几点建议：一是家长应该多鼓励幼儿到户外活动，循序渐进地进行适宜的体育锻炼。二是家长在做饭时，可以经常变更方式、方法，让食物的形状变得生动、有趣，从外观上吸引幼儿。三是幼儿在碰到自己不喜欢吃的食物时，往往会情绪紧张，因此，家长要为幼儿营造一个轻松的进餐氛围，让幼儿在进餐时保持愉快的心情，如吃饭前先让幼儿看看有趣的图书或是听听美妙的音乐等。四是采取少盛多添的进餐方式，在幼儿吃完后，要及时鼓励，让幼儿体验成功，并不断增加食量。五是当幼儿遇到不爱吃的食物时，家长可以采取奖励的方法激发幼儿的进餐欲望，但不要让幼儿养成做任何事都要奖励的习惯。六是多对幼儿讲一些吃蔬菜、水果、肉的好处，让幼儿了解一些健康饮食的知识。七是可以利用幼儿感兴趣的事情，允许幼儿在保质保量进餐后去做自己想做的事情，从而提高幼儿进餐的速度。八是可以在家中准备一些健康的零食，定时提供给幼儿，从而让幼儿能够具备分辨并抵制“垃圾食品”里人工添加物的能力。同时，家长也应以身作则，坚持不吃“垃圾食品”。

81 当家长提出幼儿没有吃饱时该如何沟通？

李 爽

案例

吃早饭的时间快到了，钢镚儿和他姥爷还在教室外面，磨蹭半天也不进班。保育员丁老师正端饭过来，看到这一幕觉得挺奇怪的：每天来园后，钢镚儿都是大声说完“老师好”以后，跟姥爷一挥手就进班了，今天怎么了？这时，只听见他姥爷说：“行，行，我和老师说，我和老师说。”姥爷一看见丁老师，便面带尴尬地说：“丁老师，昨晚孩子回家后又吃了3张馅饼，本来他还想吃，可我没敢再让他吃。您今天能给他多盛点饭吗？麻烦您了！”

原因分析

1. 幼儿的自身原因

案例中的钢镚儿是个胖乎乎的可爱男孩，平时食量较大。由于居住在四合院里，因此，可以说是“吃四方”长大的。邻居谁家做了好吃的他就吃谁家的。钢镚儿饭量大，又不敢向保育员老师提出要多吃点饭的请求。而且，钢镚儿在饮食上好吃咸的，口味稍重，头一天幼儿园的晚饭太淡，不合他的口味，因此，他就吃得少了一些。

2. 家长的误解

案例中的姥爷见钢镚儿回家后又吃了 3 个馅饼，感觉如果再让钢镚儿吃会不利于健康，这种想法是正确的，但也使他对钢镚儿在幼儿园是否吃饱产生了怀疑。

方法措施

1. 先答应，平情绪

当保育员遇到这种情况时，先不要急于解释，要先答应家长的要求或意见，缓解家长焦虑的情绪。

2. 聊家常，说情况

当晚上家长来幼儿园接幼儿时，保育员可以先和他们聊一些幼儿一天正常的饮食起居情况，等关系相对拉近一些后，再进一步向家长说明幼儿“没吃饱”的缘由与情况。

3. 再道歉，说危害

无论事情的主要原因是什么，保育员都应先把自身存在的问题向家长说清楚，再道歉。比如检讨自己照顾不周，没有了解到幼儿晚餐没吃饱的情况等。然后，把幼儿食量过大、口味偏咸等不良饮食习惯所带来的危害详细、客观地告诉家长，让家长了解到问题的严重性。

4. 采取措施，培养习惯

保育员在告知家长详细情况后，可以与家长合作，共同制订措施，帮助幼儿改掉不良的饮食习惯，促进幼儿健康成长。

82 当家长要求让幼儿多吃时该如何沟通？

张艳梅

案例

当保育员推着餐车从楼道里走过来时，幼儿知道要开饭啦！当天的晚餐是幼儿喜欢吃的肉包子和红豆粥。听着舒缓的音乐，闻着满屋的包子香，大家尽情享受着美好的晚餐，就连有些挑食的幼儿都比平时多吃了一些。可离园时，当丽丽的奶奶得知丽丽没有班上另一个女孩吃得多时，就认为丽丽吃得少了，担心她营养摄入比别人少。于是她就拜托老师说："老师，您一定得让丽丽多吃点儿呀，丽丽总是吃得不够多！"

原因分析

1. 幼儿身材高挑，显瘦

案例中的丽丽个子比较高，在同龄幼儿中属于高挑身材，显得瘦。而且，丽丽从小就养成了良好的饮食习惯，不挑食、偏食，也从不剩饭。加上丽丽又是一个活泼开朗的女孩，积极参加各项活动，因此，尽管体型偏瘦，但每年的常规体检结果都显示她的各项生长发育指标均属正常。

2. 家长的错误观念

有些家长特别是老人的一些育儿观念比较传统，他们认为胖乎乎的幼儿才是健康的，因而觉得幼儿摄入的营养就应该多多益善。

方法措施

1. 增加信任

保育员要理解、体谅家长对幼儿的隔辈疼爱之情，不能直接指责家长，而要通过及时沟通，取得他们的信任。

2. 顺势说明

面对家长提出给幼儿多添饭的要求，保育员可以口头答应，但在实际进餐时依然要按照科学的方法引导幼儿进餐。当幼儿因饮食不当造成身体不舒服时，保育员可以在与家长沟通的时候，借机和家长谈谈平时过度饮食对幼儿健康的影响，让家长能够客观、

科学地认识这个问题。

3. 出谋划策

在与家长达成共识后，保育员应该积极地为家长出谋划策，如让幼儿了解食量过大的危害性、饭后带幼儿多做运动、合理搭配三餐等，真正做到家园共育，共同促进幼儿的健康成长。

83 当家长纵容幼儿挑食时该如何沟通？

赵 蒙

案例

晚饭即将结束，很多幼儿都已经吃完、收拾好餐具并做好准备要迎接自己的爸爸妈妈了。可4岁的果果还没有吃完，并且一脸苦恼地坐在餐桌旁。保育员李老师立刻走过去，摸摸她的头说："果果，我们已经商量好了啊！即使遇到自己不喜欢的蔬菜，也不能一口都不吃。这些胡萝卜对我们长身体有很大的帮助呢！"果果还是摇摇头。李老师看了看果果，又看了看她的小盘子说："这样吧，老师喂你两口，然后你自己再吃一点儿好不好？"果果点点头。在李老师的帮助下，果果才勉强吃下了一点儿。离园时，果果的爷爷来接果果回家，李老师问果果爷爷："果果是不是不爱吃胡萝卜啊？她在家吃胡萝卜吗？"果果爷爷说："是啊，她不爱吃！"随后又补充一句："她不想吃就别让她吃了！"

原因分析

1. 幼儿对某些食物的抗拒

很多幼儿都不喜欢甚至抗拒吃胡萝卜，这可能是因为对他们来说，胡萝卜有一种怪怪的味道，口感也不好。

2. 家长错误观念的影响

很多家长认为幼儿爱吃的食物就是身体里缺乏的，而不想吃的食物就说明身体里不缺。因此，家长都是按照幼儿的喜好做饭，这样容易使幼儿更加不喜欢，甚至“厌恶”未吃过的或不常吃的食物。

方法措施

1. 与祖辈家长沟通，要体现出对幼儿的关爱

有些祖辈家长的性格内向、倔强，这会增加保育员与其沟通的难度。保育员可以采用渐进、先扬后抑的策略与家长沟通，比如先夸夸幼儿当天自己吃了几口胡萝卜，再轻松地和幼儿说说吃胡萝卜的好处，最后，再跟幼儿家长说说吃胡萝卜的科学道理。

2. 与幼儿父母沟通，要帮助他们转变膳食观念

幼儿的父母大都年轻且有较高学历，保育员就要在转变其错误膳食观念上下功夫。

首先，要跟父母强调如果幼儿不吃胡萝卜，身体会因缺乏胡萝卜素而容易得病。其次，要说明养成不挑食的习惯对幼儿今后身心发展的重要性。最后，帮助家长增强全面膳食、科学膳食的意识。

3. 持续与家长沟通，不断提出合理建议

保育员不但要为家长提出一些健康饮食的建议（如制订健康的菜谱、通过变换食物的做法和花样等方式吸引幼儿的注意力等），还要持续不断地与家长互动，及时接收反馈，了解幼儿在家里的进餐情况，并向家长汇报幼儿在幼儿园的进步与变化。

84 当家长说幼儿不爱来园时该如何沟通?

闫苗凡

案例

雨泽个子不高，对新鲜事物充满好奇，而且爱时不时地“小淘气”一下。一天，豆豆拿着一本被撕坏的书，对正在整理书架的保育员闫老师说：“闫老师，雨泽把书撕了。”这种情况已经不止一次发生在雨泽身上了，老师曾用多种方法试图说服他，但都无济于事。这次，闫老师把他叫到图书室，批评了他。第二天，雨泽和妈妈来到幼儿园，雨泽妈妈说：“雨泽今天早上不想来幼儿园，也不愿意和我说是怎么回事，只说闫老师批评他了。我劝了半天，他才来，结果还是迟到了。老师，您开导开导他吧！给您添麻烦了！”

原因分析

1. 幼儿因掩饰自尊心而表现出无所谓的假象

师幼之间很亲密的关系使得幼儿把幼儿园当作第二个家，把老师当成妈妈一样。从表面上看，幼儿对老师平时的批评可能会表现得无所谓，但实际上那是他们在保护自己的自尊心。

2. 情感失衡，缺少安全感

当幼儿看到老师不高兴，自己受到较为严厉的批评时，他们就会感到平时和老师亲密的关系有失去的危险，这使他们感到害怕，也造成他们内心已有的情感天平失衡，撼动了原有的安全感，因此，会产生不想来幼儿园的想法和行动。

方法措施

1. 接纳孩子，让家长放心上班

从家长那里得知幼儿不爱来园的原因后，保育员应首先用常用的语言和动作欢迎幼儿来园，从而缓解幼儿的担心与害怕。同时，还要让家长放心，表示会和幼儿沟通并很好地解决问题，以此得到家长的信任。

2. 电话联系，将处理的情况告诉家长

如果通过一系列的方法（如聊天法、观察法、鼓励法等），保育员与幼儿一同解决了前一天的问题，使幼儿又重新打开了心扉，愉快地加入到游戏活动中去。这时，保育员应该及时打电话跟家长联系，将整个事情的缘由和处理经过、结果告诉家长，以免家长担心。

3. 互通想法，加强理解

当保育员再次与家长见面时，可以进一步互通想法，达成一致意见，加强对彼此工作的理解，共同帮助幼儿进步。

85 当家长送来生病的幼儿时该如何沟通?

陈 熙

案例

一天早上，西西妈妈领着西西来到了班门口，西西看上去有些没精神。“西西怎么了？”正在盥洗室洗抹布的保育员梁老师看见后关切地问。“老师，西西昨天晚上嗓子疼，不过吃了点儿药，现在好些了。要是她有什么不舒服，您就给我打电话吧！”西西妈妈一边跟老师解释，一边心疼地看着西西。“行，您放心吧，我今天多关注她，有事我会给您打电话！”西西妈妈在班门口待了一会儿后，才依依不舍地离开。

原因分析

1. 气候多变，引发疾病

幼儿的抵抗力较弱，容易受季节、天气变化等因素的影响，因此，在季节交替或气候多变时，幼儿带病上幼儿园的情况就很多。

2. 家长工作繁忙，又恐老师照顾不周

当幼儿生病时，家长白天要上班，如果幼儿只是小病，家里无人照顾，家长还是会

将幼儿送到幼儿园。可考虑到保育员既要照顾生病的幼儿，又不能耽误在园的各种工作，势必分身乏术，家长又会担心老师对幼儿照顾不周。

方法措施

1. 分析幼儿的家庭结构

对于家里有全职妈妈或身体健康的老人的家庭来说，如果幼儿生病了，保育员要尽可能地劝说家长带幼儿回家休息或予以治疗。但在劝说的时候，要站在幼儿的角度请求家长理解，因为这样既能保证生病幼儿得到更好的照顾，又能避免其他幼儿交叉感染，造成不必要的危害。而对于家中无人看护的家庭来说，幼儿园则要肩负起责任，保育员要根据幼儿的病情对幼儿进行精心照顾和适当处理。

2. 观察询问

保育员要一边观察幼儿，一边向家长询问幼儿的症状。尤其要了解幼儿的病是否具有传染性。如果具有传染性，要本着对其他幼儿负责的态度，请生病幼儿的家长带幼儿离园，去医院治疗；等幼儿痊愈后，拿着医生开的证明方可来园。如果没有传染性，可以留幼儿在园中正常活动。此外，还要了解幼儿的其他情况，如是否服药、有无其他需求等。

3. 详细记录

保育员还应该将询问家长的内容用笔详细地记录下来，如服药时间、药量等，这样做不仅可以帮助记忆，同时也能得到家长的信任。记录完要与家长核对，确保各种信息准确无误。最后，可提出一些自己的建议，如督促幼儿多饮水、外出活动时为幼儿适当增减衣物等。

4. 离园沟通

在幼儿离园时，保育员应与家长沟通，反馈幼儿当天在园的表现情况。具体内容包括早上记录的内容，如幼儿的服药情况，还包括幼儿的饮水量、饮食量、午睡情况、情绪等，让家长切实感受到保育员对幼儿的悉心照顾。如果中午有时间，保育员可以给生病幼儿的家长发条短信，简单表述幼儿上午的情况，让家长放心。

86 当家长希望自己的孩子不和某个幼儿玩时该如何沟通？

赵 婧

案例

在晨间入园接待中，彤彤妈妈对保育员陈老师说，近来，彤彤回家总是说不愿意和悠悠在一起玩玩具，问其原因，说是悠悠老爱和她抢玩具，还不听她的话，所以她很不喜欢和悠悠玩。彤彤妈妈很担心她的情绪受到不良影响，因此，希望老师能帮助解决。这个问题立即引起了陈老师的关注，在得知彤彤妈妈说的基本情况后，陈老师便对彤彤开始了更细致的观察，她发现彤彤确实在与悠悠的交往中有争抢、忍受、躲避和不愿理睬的情绪及行为表现。

原因分析

1. 无法控制不良情绪

6 岁左右的幼儿受自我中心意识的影响，对自己不喜欢或厌恶的人或事物会产生不良的情绪体验，从而导致出现逃避、反感、叛逆等偏激情绪。当幼儿有不愿意与某些同伴一起玩的情绪后，就无法轻易改变这些同伴在他们心中存留的不好印象。

2. 缺乏友好合作意识

案例中的彤彤在与同伴一起游戏时，合作意识较弱，在游戏活动中常表现出拔尖、独占或损坏玩具等不利于同伴间友好交往的行为。

3. 语言表达能力欠缺

幼儿的语言表达能力有限，当他们不能很清楚、明白地表达出自己的内心感受时，就会因交往障碍而表现出想躲避交往的现象。

方法措施

1. 了解真实想法

保育员可以用询问的方式了解家长不让自己的孩子和其他幼儿玩的真实想法，同时，对家长提出的要求表示理解。

2. 分析原因

保育员可以结合观察发现的结果，和家长一起客观分析事情的前因后果。

3. 老师表态

针对幼儿当前不良情绪的反应程度，保育员可以向家长提出自己的建议，也可以和班中教师商量，看能否暂时给幼儿调换一个小组。

4. 化解矛盾

保育员也可以向另一方幼儿的家长了解情况，然后将相关情况，尤其是该方家长的态度转达给提出要求的家长，化解双方的矛盾、误会。

5. 提供建议

保育员可以多为家长出谋划策，比如，教导幼儿遇到事情常用移情认同的沟通方法，站在对方的角度去想问题；建议两个家庭通过家庭聚会、郊游等活动多为幼儿创造一些共同游戏的机会；与幼儿聊天时，多谈谈同伴身上的优点；引导幼儿在日常生活中多注意用友好的语言与他人沟通、讲道理；当幼儿有改进时，要及时表扬与鼓励。

87 当家长提出幼儿在家不午睡时该如何沟通？

张　爽

案例

小赫是一个外向、活泼、聪明的6岁小男孩。一天早上，小赫妈妈见到保育员张老师时问："张老师，小赫每天午睡时能睡着吗？"张老师点了点头。但小赫妈妈却一筹莫展地告诉张老师，小赫在家根本不睡午觉，有时对他强制要求，他就又哭又闹、折腾不休，直到家长妥协为止。家人很担心这样下去他会养成不好的习惯而影响健康，但却又不知所措、无能为力。

原因分析

1. 受外物的吸引而无法入睡

幼儿年龄尚小，自我约束能力弱，很容易被新鲜事物或自己喜欢的物品所吸引，他们往往会因为对某件物品（如机器人玩具等）爱不释手而影响睡眠。

2. 家长的教育沟通方式不正确

家长在教育幼儿时所用的沟通方法经常容易走两种极端：由开始的耐心哄劝到后面的强硬命令，这容易使幼儿产生逆反心理，以故意听不见、拒绝、反抗、哭闹等方式来表达自己对家长的不满。尽管家长是出于对幼儿健康的关心，但其做法并不能真正解决幼儿的问题。时间久了，反而会使幼儿更以自我意愿为中心，不顾他人的想法、不愿听从家长的安排。

方法措施

1. 理解家长

保育员应在理解家长心情的基础上，安慰家长要冷静、不可急躁，防止幼儿越来越逆反。

2. 说明情况

保育员可以客观地向家长说明幼儿能够在园独立午睡的情况，使家长感到少许欣慰，缓解其焦虑的情绪。

3. 借机沟通

在此基础上，保育员可以借机与家长分析幼儿的年龄特点和容易促发幼儿形成逆反的因素，提醒家长注意与幼儿的沟通方式，包括与幼儿沟通的时机、方法、态度等。

4. 提供建议

保育员可以向家长提建议，并帮助家长解决幼儿在家午睡的问题。比如，提醒家长要注意平等沟通、共情融入，要想让幼儿理解家长的心情，家长也应理解幼儿的合理需求；建议家长注意顺势引导，尝试先满足幼儿的意愿，之后再找机会帮助幼儿调整睡眠；请家长转换角度，改变一味强制的做法，尝试换一种幼儿能够理解、接受的方式；当幼儿有一些改变时，家长要及时认可和鼓励；和幼儿共同制订游戏时间和游戏结束后应上床午睡的规则。

5. 持续沟通

在接下来的一段时间里，保育员要不断和家长沟通，了解情况，督促家长和幼儿共同调整，帮助家长逐步改变幼儿不午睡的现状，并让家长感受到保育员对自己孩子的关爱。

88 当家长提出不愿意让幼儿做值日时该如何沟通？

李 妍

案例

壮壮是家里的三代单传，大人对他的照顾极其细致，上中班前都是爷爷抱着他来园，壮壮从来不自己走路，因此，他也养成了衣来伸手、饭来张口的习惯。在班里，他总是一副懒洋洋的样子，每天穿、脱衣服都需要其他幼儿帮忙，他就坐在那里一动不动，等着别人来“伺候”。上大班后，幼儿都开始自主做值日了，壮壮看到其他幼儿每天做值日十分开心，于是，他也在老师的指导与鼓励下开始尝试学做值日生。壮壮学得很认真，但可能是因为刚尝试，他的速度总是比别的幼儿慢一点儿。一天，壮壮的奶奶将壮壮送来后在班级门口徘徊了很久，好像有心事的样子。老师问她：“您有什么事吗？”壮壮奶奶却提出，希望老师不要再让壮壮当值日生了，怕影响壮壮吃早饭的时间。

原因分析

1. 家长缺乏培养意识

在现代家庭中，很多独生子女被溺爱得养成了衣来伸手、饭来张口的习惯，虽然父母、长辈都很关心幼儿的身体和智力开发，但很少有家长会重视幼儿的责任感及劳动意识的培养，这就容易造成幼儿出现以自我为中心、不关心社会、不爱帮助他人、生活自理能力差等问题。

2. 担心幼儿吃凉饭

有些家长不希望幼儿做值日，可能是对幼儿园饭菜的保温条件有所担心。比如，担心幼儿花比较长的时间做完值日后，饭菜的温度就会下降，让幼儿吃凉饭，容易造成身体上的不适。

3. 长辈溺爱幼儿

有些家长喜欢过度保护、溺爱幼儿，尤其是老人，他们希望自己的孩子是被照顾的，因此，如果幼儿提出不想做值日，家长因怕幼儿受累，便会向幼儿园提出不让幼儿做值日的要求。

方法措施

1. 做好家长工作，共同合作

幼儿园的工作需要家长的配合与支持，对不重视值日生活动的家长，保育员应及时了解家长的想法并个别引导，让他们能够正确认识到值日生活动对幼儿的帮助，逐步改

变他们原有的家庭教育方式，增强对幼儿责任意识的培养，鼓励幼儿主动分担家务。

2. 落实工作，消除家长顾虑

如果家长是怕幼儿吃凉饭，担心做值日影响幼儿的健康，保育员应对家长的担忧表示理解。为消除家长的顾虑，保育员一定要做出承诺，并落实各项工作，确保值日幼儿也能吃到热乎可口的饭菜。同时，保育员还可以利用家长会和家长园地进行相关事宜的宣传与解释。

89 新生每天来园时哭闹该如何与家长沟通？

魏 薇

案例

“我要找奶奶！”伴随着一声哭喊，小二班的门被撞开了。国庆节假期回来，小二班的天天总是哭闹着要找奶奶。天天是一个开朗的小男孩，聪明、好学，只是有些黏奶奶。眼见天天又开始哭了，老师真是头疼。刚入园时，天天就是分离焦虑最严重的幼儿之一。老师经过一段时间的艰难劝说，才渐渐减轻了天天的分离焦虑。但是，每当周末回奶奶家后，周一来园时他又会大哭大闹一场。看到天天的分离焦虑经常反复，老师与天天的妈妈进行了沟通。天天的妈妈也十分苦恼，却找不到一个好的方法。“孩子是奶奶看大的，总不能让孩子不去奶奶家呀！可是一去奶奶家，奶奶就宠着、惯着。回来以后，不仅上幼儿园哭，在家也闹，非要去奶奶家。我也头疼。”

原因分析

1. 无法适应生活模式的改变

案例中的天天是个开朗、聪明的孩子，但却有严重的分离焦虑，这要从幼儿的情感和生活习惯两个方面找原因。天天的表现说明，他除了在情感上过于依赖奶奶以外，在生活上也没有适应从家庭生活向幼儿园生活的转变。在奶奶家的生活属于无规律的自由活动形式，想玩就玩、想吃就吃，作息时间是无序的；而幼儿园的生活则具有一定的作息时间规律，要按时进餐、按时午休等，这些改变使他不能随心所欲，倍感拘束。

2. 对家人过分依赖和对陌生环境缺乏安全感

上幼儿园，幼儿需要离开从小依赖的家人，到一个陌生的环境里，与相对陌生的老师和其他幼儿相处，使其缺乏安全感。

3. 家长的教养方式不当

案例中的天天之所以会反复出现分离焦虑的情况，部分原因可能在于天天的奶奶对天天过于溺爱、听之任之的教育、教养方式。

方法措施

1. 约谈分析

保育员可以单独约幼儿家长谈话，共同分析幼儿反复哭闹的原因。交谈中，保育员也可以表扬幼儿在园不哭闹时的活动情况，使家长安心，并帮助家长调整心态，坚持送幼儿来园。

2. 实时沟通

保育员可以利用微信等通信方式，及时将幼儿在园时稳定表现的照片发给幼儿家长，让他们感到宽慰，并认同坚持送幼儿来园会有好的效果。

3. 改善幼儿抵触情绪

保育员应该多为幼儿父母提建议。比如，每次去奶奶家时，多说一说幼儿在幼儿园好的表现和幼儿园的饮食、作息时间对幼儿习惯养成的好处，让奶奶认可幼儿园，并支持幼儿每天来园，消除奶奶和幼儿对幼儿园的抵触情绪。

4. 请家长入园

幼儿园还可以有主题地邀请幼儿家长入园，让他们了解幼儿在园的生活、学习情况。比如，开展爸爸开放日、奶奶见面会等活动，使幼儿家庭的每位家长都能成为家园共育的合作伙伴。

5. 借物移情

保育员可以引导幼儿在幼儿园制作各种小作品。一方面，能让幼儿感受到在幼儿园可以学到一些家里学不到的本领，树立幼儿园的正面形象。另一方面，可以让幼儿将这些作品汇集成册，到周末时送给奶奶，通过借物移情满足他和奶奶对彼此的思念之情。

90 当家长每天送幼儿来园都迟到时该如何沟通？

陈 熙

案例

4 岁的牛牛是个非常可爱的孩子，每天上幼儿园都是高高兴兴的。可是，有一件事情却让保育员严老师很为难——牛牛来园总是迟到。若给他预留饭菜，怕他吃凉饭不舒服；若不留饭菜，又担心他在家没吃早餐会饿。都 8∶20 了，牛牛才高兴地跑进来：“老师，我来了！”“快去洗手漱口，早饭都要凉了。”严老师赶紧把牛牛接进来。牛牛的妈妈跟在后面，有些抱歉，又有些生气地说：“老师，真对不起，又晚了。挺早就叫他起床了，他就是不穿衣服，在那儿磨蹭，又耽误时间了。”几乎每天早上都会上演这样一幕。

原因分析

1. 幼儿的自我管理能力不够

幼儿上幼儿园，迟到是经常发生的事，究其原因是多方面的，有可能是他们头一天晚上睡觉的时间较晚、自己穿衣服的能力不强、被叫醒后不能较快转到清醒状态，等等。而这些都源于幼儿自我管理能力不强，并造成他们的晨起时间较长，不能按时入园。

2. 家长对按时到园不够重视

有些家长认为，幼儿迟到、比别人晚吃一会儿饭、比别人少玩一会儿都没有关系，因此，并没有帮助幼儿养成晚上早睡、早上早起的习惯。

方法措施

1. 肯定长处，暗示问题

在幼儿来园总迟到的问题上，有些家长总会找一些理由来搪塞。为避免家长出现抵触情绪，保育员先要肯定幼儿的其他表现，然后再带出问题。比如跟家长说:“牛牛最近学知识越来越认真了，有进步；要是早上别让爸爸妈妈着急，能准时来幼儿园，就更棒了！”

2. 找出原因，分析弊端

傍晚离园后，保育员应与家长一起分析并明确幼儿迟到的具体原因，再帮助家长分析晚睡晚起对幼儿的不良影响。比如，幼儿睡觉太晚会影响其生长发育；匆忙来园，吃饭太急，会使幼儿肚子不舒服；不能按时参加幼儿园的早间锻炼、劳动等，会影响幼儿好习惯的养成。

3. 对症下药，给予建议

保育员可以在家长认同其观点后，进一步提出有针对性的建议。比如，家长要有让幼儿早睡的意识和行动，提前做一些晚间活动；家长要跟幼儿讲明白早睡觉的好处，与幼儿一起早睡、早起、早来园；为幼儿睡觉创设舒适、安静的环境，稳定幼儿的情绪，帮助幼儿尽早入睡；早起穿衣时，家长在培养幼儿自己穿衣的过程中，也要视情况适当给予帮助。

4. 及时鼓励，适时反馈

当幼儿在早睡早起的问题上有改善时，保育员和家长要及时鼓励，肯定幼儿的进步。同时，保育员还要和家长经常沟通，互相交流幼儿在园和在家的变化。

91 当家长询问幼儿在园情况时该如何沟通?

杨兆全

案例

这两天，安安生病没来园，保育员冯老师给安安的妈妈打电话关心地询问安安的身体状况。安安妈妈在说明孩子的病情后，接着说:“冯老师，我正好想向您了解一下安安在幼儿园的情况。我们家安安在家里做事特别磨蹭，就连在回家的路上都如此。我们在园外给他报了几个特长班，为了他，我们周六、周日两天都在外面陪着他上课，平常晚上回到家除了吃饭、洗澡，还要复习周末所学的功课。您想，晚上就那么一点时间，不快点儿，怎么能完成呢？可他却做什么事都不着急，效率很低，每天的复习工作根本就完不成，我和他爸爸都快要急死了。”冯老师问:“ 您给孩子报的班都是孩子喜欢的吗？”“都是他喜欢的，因为他平时又蹦又跳的，我就给他报了跆拳道；他喜欢唱歌，我给他报了钢琴班；他喜欢表演，我给他报了朗诵班；只有游泳和英语是我给他报的，因为游泳是逃生的技能，英语是我们每个人都要掌握的基本技能，这两个必须学。老师，我们就是想知道他在幼儿园里是什么样子的，做事情是不是也这样磨蹭？”

原因分析

1. 家长望子成龙，期望过高

案例中，安安的家长都是博士学历，因为自己所受的教育和成长经历，使得他们对幼儿的期望特别高。为了“不让孩子输在起跑线上”，他们非常重视幼儿的早期教育，认为方方面面都重要、都需要尽早学会，因此，给幼儿报了多个特长班。虽然有些是幼儿喜欢的，但是家长却忽略了幼儿的身心发展特点和学习特点。

2. 幼儿被动学习，兴趣消退

虽然家长的期望值颇高，但幼儿体验到的有可能却是重复与乏味，这也容易促使幼儿认为学习是满足他人的需要，因此，他们的学习兴趣也会逐渐消退。而且一段时间后，他们就会明白：如果我很快做完这件事，大人还会让我做自己不情愿做的另一件事，因此，幼儿就被动地选择用“磨蹭”这个方法来逃避或抵抗。

方法措施

1. 说明在园情况

为了缓解家长的焦虑情绪，保育员要有针对性地介绍幼儿在园的情况，特别是要讲一些幼儿在平时和家长半日观摩时做事不拖沓的具体事例。

2. 一起分析原因

保育员可以与家长一起分析幼儿做事磨蹭的原因，比如，可以从幼儿的年龄特点与做事的特点、兴趣与行动的关系、激发和保持兴趣的策略、适度认知和动静交替的作用等方面解析。

3. 制订调整措施

保育员可以为家长提供一些建议，由于在这件事情上家长是调整幼儿状态的第一人，所以先要从家长入手做调整。第一，减负。首先，家长要对自己进行思想减负，调整家长希望幼儿全面发展的理念与认知，避免过早、过多培养幼儿，不要对幼儿要求过高。其次，家长要对幼儿进行课业减负，如减少兴趣班的数量，和幼儿协商，选择幼儿最喜欢的一两个。第二，培养幼儿的主体性。和幼儿商量、确定学习的内容、时间安排，并通过表格进行自我检测等。第三，多鼓励、多肯定、多等待，给幼儿营造一个宽松、和谐、赞赏、包容的氛围。

4. 建立良好的沟通渠道

保育员要经常与家长保持沟通交流，时间长了，彼此就能建立起信任，并能随时互通幼儿情况，共同促进幼儿的成长。

92 当幼儿之间发生矛盾时该如何与双方家长沟通？

李 爽

案例

上午，保育员许老师正在卫生间照顾幼儿如厕。突然，她看到丁丁在推正在小便的大雷，许老师赶紧提醒丁丁不能这样。没想到这时大雷一回手就抓了丁丁的脸。响亮的哭声立刻传了出来。“老师，他抓我！”丁丁一边说一边让许老师看他的右脸。许老师一看，发现丁丁的脸被抓出了血，于是她赶紧带丁丁去找保健医。

许老师带着丁丁回来后，看到廖老师正在向大雷了解情况，就走过去问：“大雷，你看到丁丁的脸心里有什么想法？你觉得该和丁丁说些什么？”接着，许老师让两个幼儿坐在一起，相互说着自己的想法。

原因分析

1. 部分幼儿好动

幼儿园里，在幼儿之间发生的矛盾中，有一部分是幼儿好动的天性和爱招惹别人的特点造成的。被打扰的幼儿往往是因为不高兴，而与“惹事”幼儿发生争执甚至打起来。

2. 语言交流能力不够

幼儿由于年龄较小，词汇量小，缺乏很好的语言表达能力，尤其像小班幼儿，他们在与别人交往时，往往会动作先于语言，习惯用动作来表达自己的想法和情绪。

3. 家长过分溺爱

幼儿在家中往往备受宠爱，而家长的溺爱会使幼儿养成霸道、无理的行为习惯，以至于当他们与其他幼儿在一起时，也无法友好相处。

方法措施

1. 主次沟通法

保育员可先与有错一方幼儿的家长谈话，让这一方的幼儿说明事情的经过，以便家长了解情况。在与家长谈话中，保育员要表达对自己工作不到位的歉意，同时也表明希望该方家长在见到另一方家长时表示出自己的歉意。之后，保育员再与另一方家长沟通，交谈时可以简单叙述当时情况、孩子的伤势和保健医的处理经过等。

2. 共同沟通法

保育员可以利用傍晚幼儿离园后的时间，把双方家长约在一起，请他们坐下来沟通；也可以通过自己主动道歉、家长之间道歉的方法，缓和家长的情绪；还可以让两个幼儿手拉手来到家长面前，互相说“对不起”，握手言和。

3. 互诉心情法

如果保育员看出家长的担心，可以让双方家长互诉衷肠，再适时向他们保证今后不再发生此类事件。

4. 事后追踪法

事后，保育员应及时给受伤幼儿的家里打电话，询问幼儿的伤口情况、饮食情况和睡眠情况，以表示慰问和关心。

93 如何指导家长培养幼儿的自理能力？

杨佳欢

案例

午睡起床的时间到了，大班的幼儿开始穿衣、叠被子。保育员金老师一边查看大家起床时的精神状态，一边巡视幼儿整理衣物、叠被子的情况。当发现有方法不对或需要帮助的幼儿，她都会走过去给予具体的指导。这时，金老师注意到个子小小的晨晨把被子平铺在床上，在对折的时候只拉着被罩而没拉住里面的被褥，结果被子越拉越乱。傍晚离园时，金老师向晨晨的妈妈反映了他中午的情况，可晨晨妈妈却说："晨晨还小，等大一些儿再教他叠被子也不晚。"

原因分析

1. 幼儿发育不足

大班幼儿在该阶段的身体、动作发展迅速，但部分幼儿的身体发育不足，个子小、胳膊短、力量弱，会出现提不起被子的情况。

2. 家长无暇培养

许多家长因为工作忙，无暇顾及幼儿的教育，于是就会把照顾幼儿的任务托付给老人或保姆。

3. 老人包办代替

老人大都溺爱幼儿，往往会因为担心幼儿过于辛劳或做得太慢而完全包办代替，以至于幼儿没有学会做简单、基本的家务。

方法措施

1. 建议家长多带幼儿参加体育活动

保育员可以采用提示家长、询问情况等方法，建议、指导、督促家长多带幼儿进行户外体育活动，从而达到增强幼儿体能的目的。

2. 调整家长的育儿观念

保育员可以采用聊天、提供案例、说明作用等方式，指导家长调整育儿观念，增强科学育儿的新观念，养成良好的教养态度。因为幼儿的自理能力不仅仅是在幼儿园培养，在家里也需要家长为幼儿提供进行有益锻炼的机会。幼儿的成长需要家园共同努力，只有家园共育才能发挥最大效能。

3. 请家长为幼儿提供锻炼生活自理能力的机会

保育员可以采用建议、反馈等方式，指导家长利用生活中的小事，为幼儿提供学习、锻炼的机会。比如，让幼儿替家长提、端一些重量适宜的物品；做一些简单的家务，如卫生清扫、叠衣、叠被等。只有在家也多为幼儿创造锻炼自理能力的机会，使幼儿感到在家里和在幼儿园的锻炼是一样的，幼儿的进步才会更快。

4. 对幼儿的自理行为予以鼓励

保育员可以通过设立奖励机制的方式，鼓励和肯定幼儿自我管理的行为。同时，还要为幼儿树立榜样，让幼儿在遇到困难时能够积极面对。

94 如何指导家长培养幼儿的交往能力?

魏清溪

案例

嘉嘉是一个聪明漂亮的小女孩。升入中班后，保育员李老师很快发现，她几乎不和别的幼儿交流和互动，不是自己一个人玩，就是静静地看着别的幼儿玩，眼神中却流露出羡慕之情，还不时地微笑。当老师主动和她玩游戏时，她会特别高兴。为了帮助嘉嘉融入集体，李老师想和家长一起合作，提高嘉嘉与人交往的能力。于是，离园时李老师主动和嘉嘉妈妈说起了孩子在园的表现。嘉嘉妈妈对孩子在园的这种表现也很惊讶，因为嘉嘉在家一个人玩时很开心，也很爱跟玩具“聊天”；跟父母在一起时，话也很多，表现得也很健谈。在父母眼里，嘉嘉是个活泼开朗的小女孩。当了解到嘉嘉与同龄人的沟通状况时，嘉嘉妈妈顿时语塞，她并不了解嘉嘉与其他幼儿相处时的状态，急忙问老师:“怎么办？”

原因分析

1. 幼儿与父母的沟通交流不够

现在很多幼儿的家长都会因工作繁忙，而把照顾幼儿的工作交给家里的老人或者是保姆，从而忽视了与幼儿的沟通交流。

2. 找不到情感释放的对象

由于缺乏与父母沟通交流，幼儿只能将情感释放在玩具上。但玩具又不会给幼儿任何情感回应，也不会与幼儿进行互动，因此，幼儿只能单方面地“交往”。这样也会造成幼儿虽然很想与其他同伴一起玩耍，但因为缺少经验，不知道如何跟别人交往而倍显孤独。

方法措施

1. 缓解家长的焦急情绪

看到家长焦急的状态，保育员首先应对他们劳累工作了一天表示理解，并进一步表示，已经想出了解决幼儿这一问题的对策，希望家长予以配合。

2. 介绍幼儿特点

保育员应向家长介绍这个阶段幼儿的身心发育特点，并强调幼儿对与同伴一起游戏有了更强的需求，不要错失在这重要时期培养幼儿交往能力与良好情绪、情感的机会。

3. 提供调整建议

保育员可以为家长提出几项能参考的做法：一是家长可以增加和幼儿之间朋友式相互交流的机会与时间，让幼儿在与人的交流中体验情感互动带来的快乐；二是走出去，多鼓励幼儿和社区同龄幼儿一起游戏；三是经常在家中开不同主题的聚会，邀请其他幼儿来家中做客，锻炼幼儿作为主人与他人交往的能力；四是多以平常心和幼儿谈论其与好朋友之间发生的快乐事情；五是经常肯定、赞赏幼儿和同伴一起交往时的良好语言、行为等。

4. 相互沟通交流

保育员应与家长建立长期沟通交流的机制，经常和家长联系，相互了解幼儿的具体情况，为幼儿的健康成长一起出谋划策。

95 如何指导家长培养幼儿的注意力？

张照同

案例

傍晚离园时，浩浩妈妈向保育员齐老师说出了她最近遇到的一件很苦恼的事：浩浩马上就要上小学了，家长给他安排了一些幼小衔接的学习内容，可是浩浩很容易受环境的干扰，总是才学一会儿，马上就开始东张西望或是摆弄自己的衣服及身边的物品，不能全神贯注地听课。刚开始，浩浩妈妈以为是学习太枯燥了，浩浩不喜欢。可是，慢慢地，她注意到，不光是在学习方面，在日常生活中或在他喜欢玩的游戏中，浩浩也会出现注意力不集中的情况。比如，浩浩在家画画时也总是画到一半就不想再继续画了，之后便跑到一边玩起了坦克和飞机。有时，妈妈带浩浩到图书馆看书，他每本书都只翻看几页，没看多久就喊着要走。更重要的是，家长和他说话时，他也表现得心不在焉，有时让他重复一遍家长刚才说过的话，他也说不出来。

原因分析

1. 幼儿自身的发育尚不健全

案例中的浩浩之所以会出现这种情况，有可能是因为幼儿还处于神经系统的发育阶段，大脑的兴奋与抑制过程不平衡，往往兴奋占优势，因此，在做事时容易出现分心、注意力不集中等问题。

2. 外在环境的影响

幼儿的注意力不够集中也可能是受外在环境的影响。案例中，妈妈带浩浩去图书馆看书，虽然图书馆是一个安静的地方，但同时也会突然出现很多新奇的事情，吸引浩浩的注意力。此外，当他在看书的时候，有人走过、小声说话或者是别的幼儿的书吸引到了他，等等，这些都可能是造成他注意力不集中的原因。

方法措施

1. 建议家长合理安排

保育员可以建议家长多了解幼儿在家专注于一项活动上的时间，而不要去与其他幼儿比较，从而制订出适合幼儿活动和学习的内容；还可以建议家长多换位思考，不能一味强求；提醒家长可以让幼儿在学习一段时间后休息一会儿，循序渐进地增加幼儿的学习时间与内容，做到劳逸结合。

2. 创设适宜的环境

保育员可以建议家长为幼儿创造一个安静、良好的学习环境。例如，在幼儿学习时，大人不要在旁边看电视、不要大声说话，以免造成干扰。

3. 帮助幼儿养成专注的习惯

保育员可以建议家长帮助幼儿养成专心做事的习惯。比如，在幼儿玩游戏或学习时，家长不要过多打扰，不要给幼儿东西吃，帮助幼儿维持专注状态。

4. 家长榜样法

保育员可以建议家长为幼儿树立榜样。家长是幼儿的第一任老师、最近的模仿对象，因此，家长在做事情时也要专心致志，不要三心二意。

96 如何指导家长培养幼儿的礼貌习惯？

赵 婧

案例

国庆长假期间，乐乐妈妈在家里举办了一个小型聚会，请来了不少客人。乐乐一见到陌生的叔叔、阿姨，就躲在妈妈的身后，不管大家怎样哄他，他都不愿意主动向客人问好。即便后来来了几个同龄的小伙伴，乐乐也没有主动与他们打招呼。尽管乐乐妈妈不停地提醒他，让他给小伙伴们拿零食、玩具，可乐乐一直表现出不情愿、不高兴的样子，还总是吵着让妈妈答应自己一些额外要求。乐乐的这种表现让妈妈很生气，也很无奈。于是，乐乐妈妈将自己的苦恼告诉了乐乐最喜欢的保育员张老师。

原因分析

1. 家长疏于管教，导致幼儿产生“独占”心理

大约到 4 岁左右，幼儿在与人交往的过程中就已经能理解并会使用简单的礼貌语言。案例中乐乐的问题产生的原因，可能是由于乐乐的爸爸妈妈平时工作繁忙、应酬多，疏于对乐乐的管教和培养，再加上祖辈的娇生惯养，使乐乐养成了既“独占”又不大懂礼貌的行为习惯。

2. 家长急于改变现状，忽视了幼儿的心理承受能力

幼儿平时大部分时间在家里，与外人、外界接触较少，因此，相对孤僻、胆小。案例中乐乐的妈妈在发现问题后，急于采取措施改变现状。殊不知，偶然一次邀请过多人来家里，反而会适得其反，使幼儿丧失原有的安全感，达不到锻炼培养的目的。

方法措施

1. 和祖辈家长谈后果

保育员可以与幼儿祖辈家长沟通，将幼儿的不礼貌行为可能产生的不良后果说明白，让祖辈家长在对待幼儿的这个问题上，既不疏忽顺从，也不包庇袒护。

2. 和幼儿父母谈方法

保育员在和幼儿父母沟通时，重点应放在提供方法指导上。例如，可以给家长提以下几点建议：一是家长要给幼儿树立榜样，为幼儿营造一个文明礼貌的家庭教育环境，可以用自己的礼貌言行积极影响幼儿。也可以先不强迫他们和别人打招呼，而是讲讲自己使用文明语言的心情和感受。二是结合周边事件，帮助幼儿学会关心身边的人。三是抓住生活中的教育契机，教幼儿学习一些礼貌待客的小方法，激发他们的小主人翁意识。四是及时表扬与鼓励。对幼儿自发或经引导后表现出的文明言行给予正面的强化，帮助他们积累与掌握相关经验。五是有意识地逐渐增加幼儿与人交往的机会，或走出去，或请进来，但要事先和幼儿商量好请谁、请几个人，从而锻炼幼儿与人交往的能力。

3. 家园共育

在培养幼儿讲文明、懂礼貌这件事上，保育员要与家长达成一致目标。保育员除了可以向家长提建议以外，在幼儿园还可以配合班中教师组织开展“我是文明礼貌小标兵”等活动。通过家园共育，共同培养幼儿的文明礼貌习惯。

97 在家访时如何与家长进行沟通？

韩 爽

案例

新学期的家访工作就要开始了。上次家访时，入职刚一年的保育员晓涵老师是陪同班中教师王老师一起开展工作的。看到王老师与家长亲切自如地交流，坐在一旁的晓涵羡慕不已，可自己却只能面带微笑一言不发。这次要独立进行家访了，晓涵老师有点儿犯难，不知该怎样和家长交流。

原因分析

1. 性格内向，不善于交流

家访是幼儿园加强老师与幼儿、家长相互熟悉和了解的重要手段。有经验的老师在这短短的30分钟左右的时间里，可以了解到很多信息，如幼儿的个性、爱好、家庭环境、家长的育儿理念等。但是，有些保育员因性格比较内向，平时不善于与他人交流，面对家长时，就会产生紧张的心理。

2. 年龄尚轻，缺乏经验

年轻的保育员大都缺乏家访经验，没有与不同家庭背景的家长沟通交流的经历，特别是担心家长提出一些自己不知怎样回答的问题，因此，初次独自去家访，难免会感觉不知所措。

方法措施

1. 明确意义

家访是保育员与幼儿、家长进行沟通的最好方式之一，也是老师热爱、关心幼儿的具体体现。通过走访幼儿的家庭，保育员能够切身了解幼儿的成长环境、幼儿的家庭教育状况、家长的文化素质等信息，感受幼儿个性的不同面，从而能更有针对性地实施教育。

2. 做好准备

保育员家访时要有明确的目的，家访前要做好充分准备。对于新入园的幼儿，保育员要事先了解其家庭的大致状况，如父母的职业、学历、家庭成员的构成等；可以事先制订一份计划或做一个表单，列出本次家访的目的、需要进行的工作、要与家长交谈的

问题等，选择幼儿熟悉的方式开展工作。此外，保育员要与家长约好家访时间，避开进餐及午休时间；晚间家访时间，应控制在20∶00~20∶30。

3. 注意着装

家访时，保育员要选择大方、色彩和谐、干净整洁、符合幼儿老师身份的服装；尽量选择粉蓝、粉红、淡紫色等幼儿比较喜欢的颜色的衣服；还要选择质地柔软、没有拉链和坚硬纽扣的衣服，以免划伤幼儿。

4. 直入主题

保育员在幼儿家里要注意礼貌，言行举止均要文明有礼。在与家长和幼儿简单寒暄之后要明确此次来访的目的，直入主题。面对新生的家长，可以采用调查问卷的形式，有条理地了解幼儿情况。面对老生的家长，需要结合幼儿的实际情况，提前做好准备，有针对性地与家长交换育儿经验，通过家访解决实际问题。

5. 谈吐得体

在与家长交流时，保育员要亲切诚恳、落落大方，注意多倾听家长的讲话，中途不宜抢话，认真记录家长的谈话要点、要求，适时从专业角度给家长提出有针对性的育儿建议。同时也要婉言拒绝家长的请客吃饭、送礼，使其充分感受到幼儿老师的职业道德与良好素养。

6. 培养情感

如果是第一次上门家访，保育员要通过各种方法努力拉近与幼儿的关系，比如折一朵彩色纸花、捏一个小泥娃娃作为小礼物送给幼儿，让幼儿能够接受自己，愿意和自己相处。与幼儿讲话时，要面带微笑、声音温和，要让幼儿感受到保育员老师独特的魅力，并愿意亲近、信任老师。

7. 记录与总结

家访的结束是下一步工作的开始，家访后保育员要将家访的经过和在过程中发现的问题及时进行记录和总结，以备在日后的工作中注意与改进。

98 当家长对自己的工作不认可时该如何沟通?

岳全英

案例

每天离园前，大一班的幼儿都会根据自己值日的时间，选择第二天值日的内容，并将相应的标志插在“我是朋友们的小帮手”的墙饰中。这一天也不例外。可保育员张老师却发现，站在墙饰前的妮妮越来越不高兴了，她噘着小嘴，看一眼格格，又看一眼已插上的标志，跟格格说:“让我发筷子吧！”见格格不理会，她便伸手去拿格格插在墙饰里发筷子的标志。格格急了，伸手去抢，可妮妮拿着标志就是不撒手。最后，格格喊了起来:“老师，妮妮抢我的东西。”这时，妮妮却哭了。看到这一幕，张老师并没有急于插手，而是建议妮妮和格格自己解决。当得知他们已经把问题解决时（妮妮答应尝试做其他的值日工作），张老师给予了及时的表扬和鼓励，两个小朋友也相视而笑。第二天来园时，妮妮妈妈却对班中教师苗老师说:“昨天张老师管孩子的方法真省事，让他们自己解决?孩子那么小，什么都不懂，能自己解决冲突吗?还不是我们妮妮让着别人，没做上自己喜欢做的事儿！”

原因分析

1. 幼儿不善于控制情绪，容易起争执

发筷子对值日生来说，多了一份“权力”，特别是对于女孩子来说，可以发给好朋友

喜欢的样式的筷子，因此，大多数值日生都爱抢着发筷子，案例中的妮妮也是如此。当她发现格格先选择发筷子了，自己的意愿与别人的选择发生了冲突，加上年龄尚小，不能控制自己的情绪，就出现了不满的心理，跟同伴产生了争执。

2. 未及时与家长沟通

案例中保育员张老师能够根据大班幼儿的年龄特点进行适当干预，提出问题，帮助幼儿学会从双方的角度思考自己的行为是否适宜，给予幼儿利用已有经验自主解决问题的机会，并在事后关注事情解决的结果，给予双方相应的肯定和建议。但是，张老师没有将幼儿自己解决问题的事情及时和家长沟通交流，从而引起了家长的误会。

3. 家长担心幼儿受挫

案例中，妮妮自小被妈妈照顾长大，一方面，妈妈认为孩子还小，不能保护自己，不相信孩子能自己解决问题；另一方面，妈妈觉得将孩子交给老师，老师理应代替自己

照顾好孩子。但张老师的表现却让妮妮妈妈担心这样的方法会让妮妮受挫，会打击妮妮的自信心，因此，对张老师的教育方法表示不认可。

方法措施

1. 从关心的角度，打破沟通尴尬的气氛

保育员可以和家长事先约定，傍晚离园后到活动室沟通，先询问幼儿回家后的情绪和想法，使家长放松心情，以便于进一步沟通交流。

2. 以诚恳的态度，缓解家长紧张的情绪

为了继续缓解家长的情绪，保育员可以用诚恳的态度向家长道歉，拉近与家长的距离。

3. 以专业的角度，与家长探讨正确的教育方法

看到家长趋于平静，保育员就可以将整件事情做一个简单说明，并介绍自己所采取的教育方法，让家长了解采取这种教育方法的科学性和可行性。

4. 以虚心的态度，得到家长的理解

为了得到家长进一步的认可，保育员还可以对家长所提的意见表示感谢，表态以后会多配合班中教师，培养幼儿解决问题的能力。例如，建立奖励机制，使幼儿独立解决问题的能力得到提高。

5. 用建议的方式，帮助家长获得多种育儿方法

保育员还应为家长提供一些在家中培养幼儿独立解决问题的能力的具体方法。比如，接纳幼儿间的争执行为，给幼儿成长时间；鼓励幼儿每天主动向家长讲一件自己动脑筋、想办法解决问题的事情；生活中遇到简单的事情，多和幼儿商量怎么办才好，等等。

6. 以持续关注的行动，获得家长的不断认可

在日后的工作中，保育员还要积极配合班中教师，多发现、多培养幼儿独立解决问题的能力，并将事例及时发送到家长群里，供家长关注和讨论，不断获得家长的认可。

99 面对家长的不信任该如何沟通？

张 英

案例

下班路上，保育员张老师偶然听到两位小班家长在聊天。一位家长说："我们班今年来了一位新老师，好年轻呀，不知道她能不能带好孩子。""是呀，听说是做保育员，把孩子交给这么年轻的老师可不放心。现在的幼师毕业生自己都是孩子，他们还需要爸爸妈妈的照顾呢，怎么能带好那么小的孩子呢？"另一位家长紧跟着说。听了他们的谈话，张老师的心里很难受。

原因分析

1. 老师年龄尚轻，缺乏工作经验

每年新学期都会有一批新入职的年轻保育员走上工作岗位。这些老师大都刚刚毕业，没有相应的工作经验，需要一段时间的历练。

2. 家长爱子心切，难免忧心忡忡

从家长的立场来看，幼儿是他们心中的宝贝，因此，对年轻保育员持不信任态度是可以理解的。但从教育的角度看，每个老师都要经历从青涩到成熟的过程，年轻保育员

要想得到家长的信任，就要付出更多努力，加快成长的步伐。

方法措施

1. 关注幼儿的发展是赢得家长信任的关键

家长对保育员信任与否，与幼儿的发展息息相关。凡是赢得了家长信任的保育员，一定是非常了解、关心幼儿，能够准确表述幼儿的发展现状，并且知道幼儿的兴趣爱好等。因此，保育员若能关注幼儿的发展，善于发现幼儿身上的变化，在与家长的接触过程中就有可能得到家长的信任。当然，关注幼儿不要做表面文章，而要尊重幼儿，经常性地鼓励他们，得到他们的爱，而不是当着家长的面笑容可掬，背着家长却对幼儿横加指责。在日常工作中要做到对幼儿细致、对家长热情，让家长感受到老师的用心。看到幼儿的变化，家长的态度也会随之改变。

2. 努力做好工作是赢得家长信任的法宝

保育员若能努力做好自己的工作，高标准要求自己，就一定会得到家长的信任。因

为，每个家长的心里都会有一个标准——优秀保育员的标准，即能够严格执行作息时间，认真做好卫生工作，细致照顾每个幼儿。

3. 多向其他老师学习是快速赢得家长信任的捷径

要想尽快得到家长的信任，新入职的保育员就要多向身边的保育员学习，掌握家长工作的方法与技巧，从关心幼儿的角度开展家长工作。例如，结合季节变化，提示家长为幼儿增减衣物；结合主题活动的安排，提示家长配合园里开展工作等。总之，保育员可以通过将每一项工作都做好、做细来逐渐赢得家长对自己的信任。